新天理図書館善本叢書 1

古事記 道果本
播磨国風土記

八木書店

例　言

一、本叢書は、天理大学附属天理図書館が所蔵する古典籍から善本を選んで編成し、高精細カラー版影印によって刊行するものである。
一、本叢書の第一期は、国史・古記録篇として、全六巻に編成する。
一、本巻には、『古事記　道果本』『播磨国風土記』を収めた。
一、各頁の柱に書名等を記し、『古事記　道果本』（冊子）については、墨付丁数と表裏の略称（オ・ウ）を併記、『播磨国風土記』（巻子）については、料紙の紙数を各紙右端の下欄に表示した。
一、『古事記　道果本』の裏書（紙背貼付）は同巻末に一括して収め、本文該当箇所上欄および裏書図版右傍に、裏書番号と相互の該当頁を示した。
一、『古事記　道果本』の解題は野尻忠氏（奈良国立博物館学芸部企画室長）、同書訓読解説は木田章義氏（京都大学名誉教授）、『播磨国風土記』の解題は小倉慈司氏（国立歴史民俗博物館准教授）が各々執筆し、本巻の末尾に収載する。

平成二十八年二月

天理大学附属天理図書館

目次

古事記

道果本

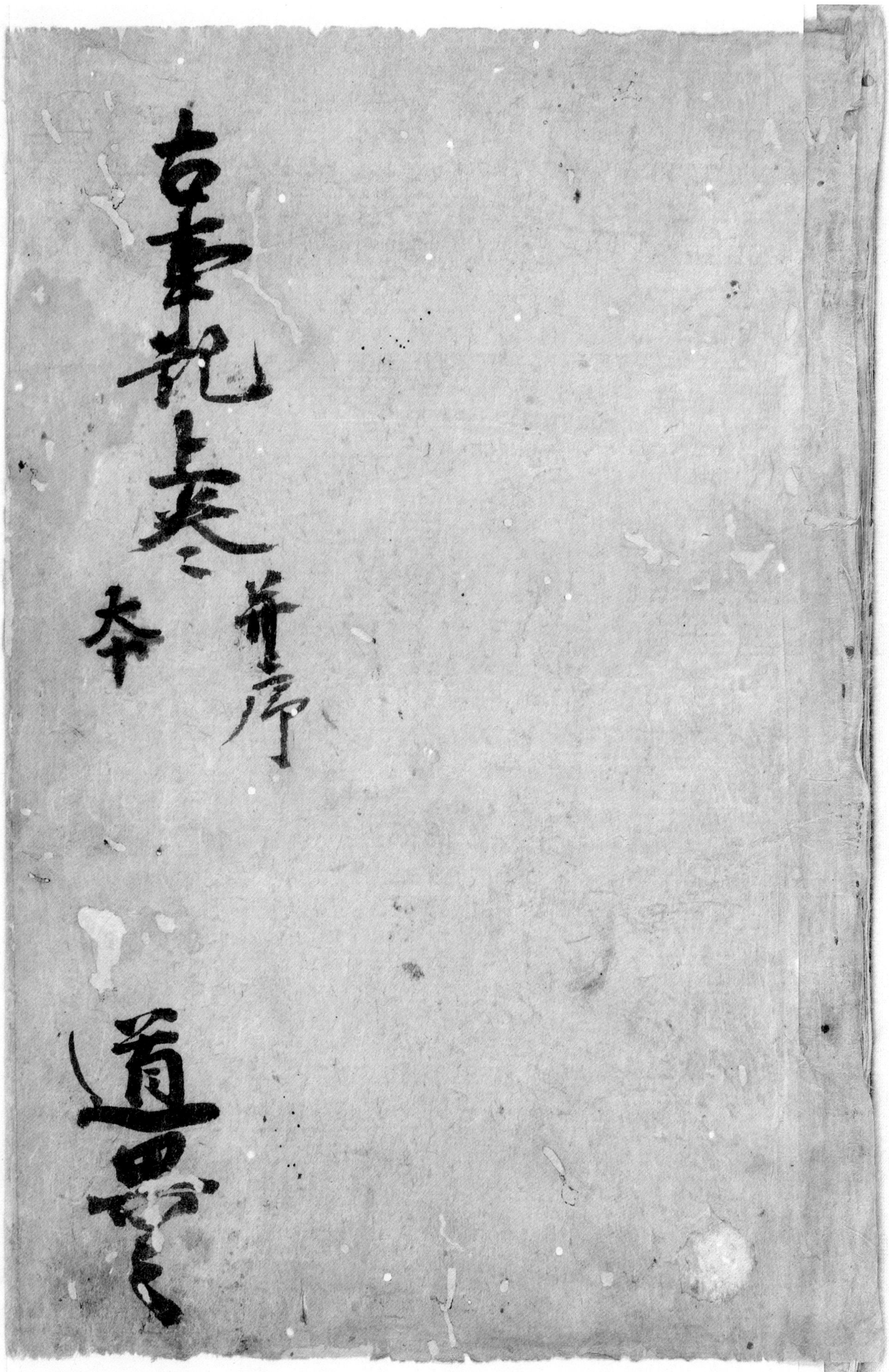
古事記上巻
并序
道果

天理圖書館藏

古事記上巻　序并

臣安萬侶言。夫混元既凝、氣象未效。無名無爲、誰知其形。然乾坤初分、參神作造化之首、陰陽斯開、二靈爲群品之祖。所以出入幽顯、日月彰於洗目、浮沈海水、神祇

裏書云　易鈎命決云天地未分之前有大易
又云氣象形兆未形謂之太易

裏書云　易緯通卦云大極是生兩儀　言氣之清輕者上爲天　重濁者下爲地

裏書云　參神　天之御中主神　高御産巣日神　神産巣日神

呈於滌身故太素杳冥曰本教而識孕

易鉤命決ニ氣始萌謂之太素　又ニ形変有質謂之太素

土産嶋之時元始綿邈頼先聖而察生

易鉤命決ニ有氣形之端ニ謂之太始

神立人之世寔知懸鏡吐珠而百王相續

喫劍切蛇以万神蕃息與議安河而

平天下論小濱而清國土是以番仁

岐命初降于高千嶺神倭天皇

歴千秋津嶋紀熊出爪天劒獲於高
倉生尾遮徑大烏導於吉野列儛
攘賊聞歌伏仇即覺夢而敬神
祇所以稱賢后望烟而撫黎元於
今傳聖帝定境開邦制于近淡海正

姓撲氏勒千遠飛鳥雖歩驟各異
文質不同莫不稽古以縄風猷於既
頽照今以補典教於欲絶飛鳥天武天皇
清原大宮御太八州　天皇御世
潛龍體元洊雷應期聞夢歌

而相纂葉投夜水而知兼基然天
時未臻蝉蛻於南山人事共給虎
歩於東國皇輿忽駕淩度山川六師
雷震三軍雷逝杖矛擧威猛士烟
起絳旗耀兵凶徒瓦解未移浹辰

氣珠自清乃放牛息馬愷悌歸於
華夏巻旌戢戈儛詠停於都邑
歳次大梁月踵俠鐘清原大宮昇
即天位道軼軒后德跨周王握乾
符而摠六合得天統而包八荒乘二氣

酉年名　天武天皇元年癸酉也
二月名

之正齊五行之序設神理以奬俗敷

五行　黄帝容法之五行者天地二氣交合各有五行金木水火土如循環

英風以弘國重加智海浩汗潭探

上古心鏡煒煌明覩先代於是天皇

詔之朕聞諸家之所賫帝紀及本辭

既違正實多加虚僞當今之時不改其失

未經幾年其旨欲滅斯乃邦家之經
緯王家之鴻基焉故惟撰録帝紀
討覈舊辭削僞定實欲流後葉時
有舎人姓稗田君阿禮年是廿八為人
聰明度目誦口拂耳勒心即勅語阿

礼。令誦習帝皇日継及先代旧辞。
然運移世異未行其事矣。伏惟
皇帝陛下得一光宅通三亭育。御紫
宸而徳被馬蹄之所極坐玄扈而化照船
頭之所逮。日浮重暉。雲散非烟。連柯

并穂之烽史不絶書列烽重譯之貢
府無空月可謂名高文命徳冠天乙矣
於焉惜舊辞之誤忤正先紀之謬錯以
和銅四年九月十八日詔臣安萬侶撰
録稗田阿礼所誦云　勅語舊辞以

献上者謹随詔旨子細採摭然上古之
時言意並朴敷文構句於字即難
已因訓述者詞不逮心全以音連者
事趣更長是以今或一句之中交用
音訓或一事之内全以訓録即辞

理叵見以注明意況易解更非注亦
於姓日下謂玖沙訶於名帯字謂多
羅斯如此之類随本不改大抵所記者
自天地開闢始以訖于小治田御世（推古天皇也）故天
御中主神以下日子波瀲建鵜草葺
不合尊以前為上巻 神倭伊波礼毘（神武天皇也）

古以下品陀（應神天皇也）御世以前為中巻大雀皇（仁徳天皇也）
帝以下小治田大宮（推古天皇也）以下為下巻并録
三巻謹以獻上臣安萬侶誠惶誠恐頓
首〻〻
和銅五年正月廿八日正五位上勲五等太朝臣安萬侶

天地初發之時於高天原成神名天
之御中主神（訓高下天云阿麻下效此）次高御産巣
日神次神産巣日神此三柱神者並獨
神成坐而隠身也　次國稚如浮脂而
久羅下那州多陀用弊流之時（流字以上十字以音）

如葦牙因萌騰之物而成神名宇摩志阿斯訶備比古遲神【此神名以音】

【可美葦牙彦舅】

次天之常立神【訓常云登許訓立云多知】此二柱神亦獨神成坐而隱身也

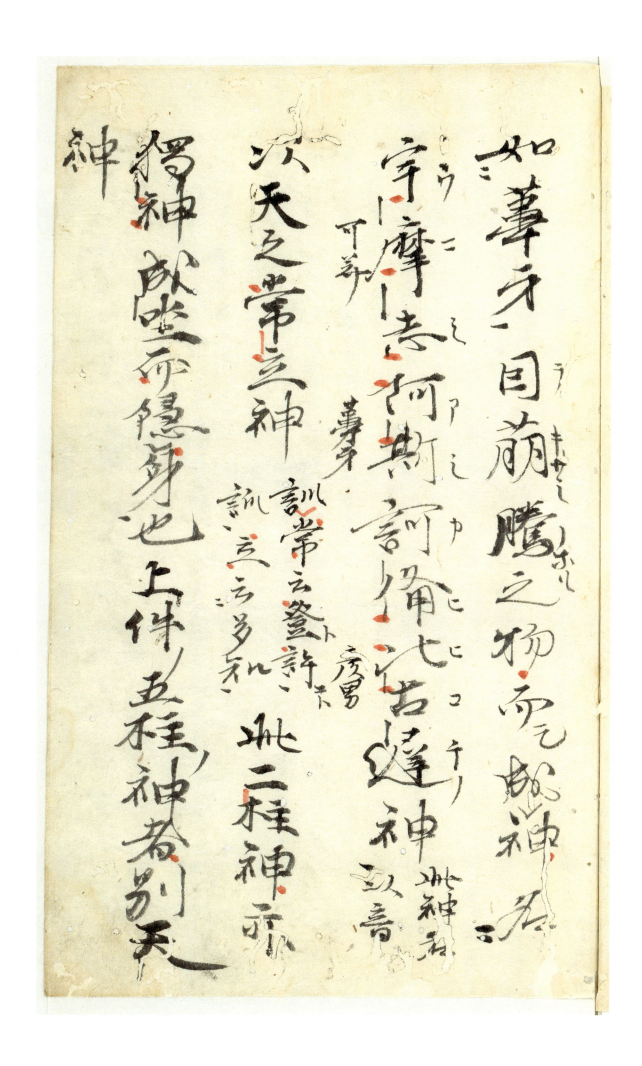

上件五柱神者別天神

次成神名国之常立神 訓常立亦如上 次豊雲 豊斟渟尊又
上野神 此二柱神 亦獨神成坐而隠身也
次成神名宇比地邇上神 次妹須比智
迩神 此二神 名以音 次角杙神 次妹活杙神
二柱 次意富斗能地神 次妹大斗乃弁神 此二神 名亦以音

次於母陀流神　次妹阿夜上訶志古泥神
神此二柱名皆以音　次伊耶那岐神　次伊耶那
美神此二神名亦以音如上　上件自国之常立神以下伊耶
那美神以前并稱神世七代上二柱獨神各云一代次雙十神
各合二神云一代也　於是天神諸命以詔伊耶那岐命

伊耶那美命二柱神ニ修理固是多陁用
幣流之國ニ賜天沼矛而言依賜也故二
柱神立ニ訓立云多々志天浮橋ニ而指下其沼矛以
畫者塩許々袁々呂々迩此七字以音畫鳴訓鳴云那志而
引上時自ニ其矛末ニ垂落塩之累積成

嶋是淤能碁呂嶋自淤以下四字以音於其嶋天降
坐而見立天之御柱見立八尋殿於
是問其妹伊邪那美命曰汝身者如何成
答白吾身者成成不成合處一處在爾
伊邪那岐命詔我身者成成而成餘處

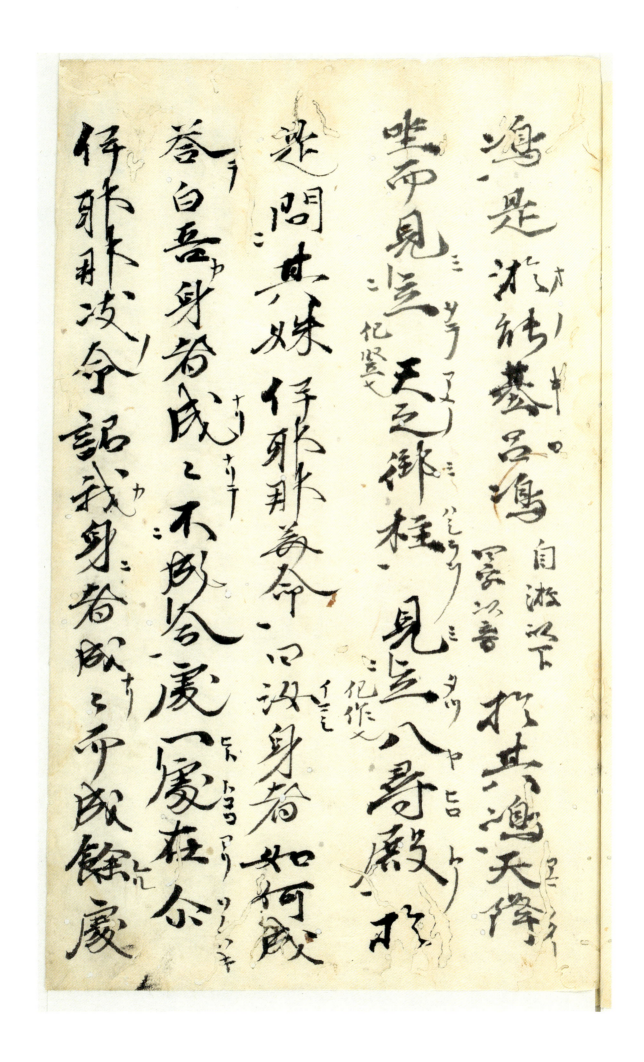

處在故以此吾身成餘處刺塞汝

身不成合處而以爲生成國土奈何訓生云宇牟下效此

伊邪那美命答曰然善爾伊邪那岐命

詔然者吾與汝行廻逢是天之御柱而爲

美斗能麻具波比此七字以音　如此之期乃詔

汝自右廻逢　我汝自左廻逢　竟以
廻時　伊邪那美命　先言阿那迩夜志
愛上　袁登古袁　此十字以音下效此　各言竟之後
告其妹曰女人先言不良雖然
久美度迩　此四字以音　興而生子水蛭子

此子者入葦船而流去次生淡嶋
是亦不入子之例於是二柱神議云今
吾所生之子不良猶宜白天神之御所
即共参上請天神之命尓天神之命
以布斗麻迩尓（上此五字以音）卜相而詔之曰女

先言而不良亦還降改言故爾返降
更往廻其天之御柱如先於是伊邪
那岐命先言阿那邇夜志愛袁登
賣袁後妹伊邪那美命言阿那邇夜
志愛袁登古袁如此言竟而御合

合交也

生子淡道三穂之別嶋訓別云和氣下效此次生伊
豫之二名嶋此嶋者身一而有面四毎面有名
故伊豫國謂愛上比賣此三字以音下效此也讃波國
謂飯依比古粟国謂大宜都比賣此四字以音
土左國謂建依別次生隠伎之三子嶋亦

名天之忍許呂別（訓呂二字以音）次生筑紫嶋
此嶋亦身一而有面四毎面有名故筑紫國
謂白日別豊國謂豊日別肥國謂
建日別日向日豊久志比泥別（自久至泥以音）熊曾
國謂建日別（曾字以音）次生伊伎嶋亦謂天比

登都柱自此至都以音訓天如天　次生津嶋亦名謂天之
狭手依比売　次生佐度嶋　次生大倭豊秋
津嶋　亦名謂天御虚空豊秋津根別　故
因此八嶋先所生大八嶋国　然後還坐之
時生吉備児嶋　亦名謂建日方別　次生
小豆嶋　亦名謂大野手上比売　次生大嶋

亦名謂大多麻上流別（自多至流以音）次生女嶋
亦名謂天一根（訓天如天）次生知訶嶋
（血鹿嶋又）
亦名謂天之忍男次生兩兒嶋亦名
天兩屋（自吉備兒嶋至天兩屋嶋并六嶋）既生國竟更生
神故生神名大事忍男神次生

石土毘古神訓石云伊波亦毘古二字以音下效此次生石巣
比賣神次生大戸日別神天之吹上男
神次生大屋毘古神次生風木津別
之忍男神訓風云加耶訓木以音次生海神名大綿津
見神次生水戸神名速秋津日子神次

妹速秋津比賣神（自大事忍男神至秋津比賣神并十神）此速秋津日子速秋津比賣二神因河海持別而生神名沫那藝神（那藝二字以音下效此）次沫那美神（那美二字以音下效此）次頰那藝神次頰那美神次天之水分神（訓分云久麻理下效此）次國之

水分神 次天之久比奢母智神 自久以下五字以音下效此 （天之久比奢母道神也）
次國之久奢母智神 自沫那藝神至國之久比奢母智神幷八神 次生風
神名志那都比古神 此神名以音 次生木神 名
久久能智神 此神名以音 次生山神 名大山上津 （級長津彦命又 級長戸辺命又）
見神 次生野神 名鹿屋野比賣神 亦名 （句句廼馳神也）

謂野椎神(自志那都比古神 至野椎并四神)此大山津見神
野椎神二神因山野持別而生神名天
之狭土神(訓土云豆知 下效此)次国之狭土神次天
之狭霧神次国之狭霧神次天之闇
戸神次国之闇戸神次大戸惑子神

訓惑云麻刀比下效此　次大戸惑女神〈自天之狭土神至大戸惑女神并八神也〉次

生神名鳥之石楠船神亦名謂天鳥船

次生大宜都比売神〈此神名以音〉次生火之夜芸

速男神〈夜芸二字以音也〉亦名謂火之炫毘古神〈火之燒彥神也〉亦

名謂火之加具土神〈加具二字以音〉〈迦具突智也〉因生此子美蕃〈三字以音〉〈義蕃本作〉

登此三字以音見炙而病臥在多具理迩為嘔此四字以音生神名金山毘古神訓金云加那下效此次金山毘賣神次於屎成神名波迩夜須毘古神次波迩夜須毘賣神此神名亦以音次於尿成神名彌都波能賣神罔象女神也次和久産巣日稚産靈日神也

神此神之子謂豊宇気毘売神（自宇以下四字以音）

故伊耶那美神者因生火神遂神避也

自天鳥船至豊宇

気毘売神并八神也

凡伊耶那岐伊耶那

美二神共所生嶋壹拾肆嶋又嶋神参拾伍神

是伊耶那美神妹神避以前所生唯意能碁呂嶋　故尓

者非所生亦蛭子与淡嶋不入子之例也

伊耶那岐命詔之愛我那迩妹命乎那迩二字以
音下效此謂易子之一木乎乃匍匐御枕方匍
匐御足之方而哭時於御涙所成神坐香山
之畝尾木本名泣沢女神故其所神
避之伊耶那美神者葬出雲国与伯伎国

塚比賣之也於是伊耶那岐命抜所御佩
之十拳劔斬其子迦具土神之頸爾
著其御刀前之血走就湯津石村所
成神名石拆神次根拆神次石筒之
男神三神次著御刀本血亦走就湯津

石村所生神名甕(ミカ)速日(ハヤヒ)神次建(タケ)御雷(イカツチ)
之男神亦名建布都神布都二字以音下效此亦名豊
布都三神次集御刀之手上血自手俣漏
出所成神名訓漏云久伎闇(クラ)淤加(オカ)美(ミ)神淤以下三字以音下效此
次闇(クラ)御津羽神上件自石析神以下闇
御津羽神以前并八神者因御刀所成

之神者之所殺迦具土神之頭所成神名正（大山祇也）
鹿山上津見神次於胸所成神名淤縢山津（中山祇也）
見神淤縢二字以音次於腹所成神名奥山上津見神
次於陰所成神名闇山津見神次於左手（奥山祇也）
所成神名志藝山津見神志藝二字以音次於右手（正鹿山祇也）（麓山祇也）
所成神名羽山津見神次於左足之所成神名

原山津見神　次於右之所成神名戸山津見
（原山祇也）（戸山祇也）
神　自原山津見神至戸山津見神并八神　故所斬之刀名謂天之尾
羽張ニ亦名謂伊都之尾羽張　伊都ニ字以音　於是
（稜威雄走神也）
欲相見其妹伊邪那美命追往黄泉国ニ爾
自殿縢戸ニ出向之時伊邪那岐命語詔之愛
（蓋古事本記殿戸也）

我那迩妹命吾与汝所作之國未作竟故
可還爾伊邪那美命答曰悔哉不速来吾
者為黄泉戸喫然愛我那勢命那勢二字以音下效此
入来坐之事恐故欲還且与黄泉神相論莫
視我如此白而還入其殿内之間甚久難待

故刺左之御美豆良三字以音下效此湯津々間
櫛之男柱一箇取闕燭一火入見之時宇
士多加礼許呂々岐弖此十字以音於頭者大
雷居於胸者火雷居於腹者黒雷居
於陰者析雷居於左手者若雷居於右手
者土雷居於左足者鳴雷居於右足者伏雷

居并八雷神成居於是伊邪那岐命見
畏而逃還之時其妹伊邪那美命言
見辱吾即遣豫母都志許賣（此六字以音）令追
尒伊邪那岐命取黒御縵（泉津醜女也）投棄乃生蒲
子是摭食之間逃行猶追亦刺其右
（蒲陶也）

御美豆良之湯津々間櫛引闕而投
棄乃生笋是抜食之間逃行且後者於
其八雷神副千五百之黄泉軍令追尓
抜所御佩之十拳劒而於後手布伎
都々此四字以音逃来猶追到黄泉比良此二字以音

坂之坂本時取在其坂桃子三箇持撃者

悉逃返也尓伊邪那岐命告桃子汝如助

吾於葦原中国所有宇都志伎上此四字以音青

人草之落苦瀬而患惚時可助告賜名号

意富加牟豆美命自意至美以音　最後其妹伊邪那

命自追来焉尒千引石引塞其黄泉比
良坂其石置中各對立而度事戸之時
伊耶那美命言愛我那藝命焉如是者汝
国之人草一日絞殺千頭尒伊耶那岐命詔
愛我那迩妹命汝焉然者吾一日立千五百

産屋是以一日必千人死一日必千五百人生
也故号其伊邪那美命謂黄泉津大神亦云
以其追斯伎斯此三字以音而号道敷大神亦所
塞其黄泉坂之石者号道反之大神亦謂
塞坐黄泉戸大神故其所謂黄泉比良今
謂出雲国之伊賦夜坂也是以伊邪那伎

大神詔吾者到於伊那志許米上志許米岐
穢國而在祁理此九字以音故吾者爲御身之禊
而到坐竺紫日向之橘小門之阿波岐此三字以音原
而禊祓也故於投棄御杖所成神名衝立
船戸神次於投棄御帯所成神名道之長
乳齒神次於投棄御嚢所成神名時量師神

師神　次於投棄御衣所成神名和豆
良比能宇斯能神〔此神名以音〕　次於投棄御褌
〔和豆良比能宇斯能神　日本紀ニ煩神〕
所成神名道俣神　次於投棄御冠所成神
名飽作之宇斯能神〔自宇以下三字以音〕　次於投流左
御手之纏所成神名奥疎神〔訓奥云於伎下效此訓疎云奢加留下效此〕
次奥津那藝佐毘古神〔自那以下五字以音下效此〕

次奥津甲斐弁羅神自甲以下四字以音下效此　次於投
棄右御手之手纏所成神名邊疎神次
邊津那藝佐毘古神次邊津甲斐弁
羅神　右件自船戸神以下邊津甲斐弁
羅神以前十二神者因脱著身之物所生神
於是詔之上瀬速下瀬者弱而於中瀬墮迦

伎命滌時成坐神名八十禍津日神訓禍云摩賀下效此
次大禍津日神此二神者所到其穢繁國之
時因汚垢而所成神之者也次爲直其禍
而所成神名神直毘神毘字以音下效此次大直毘
神次伊豆能賣并三神也伊以下四字以音次於水底滌時
所成神名底津綿上津見神訓上云宇閇次底筒

之男命　於中濯時所成神名　中津綿津
見神　次中筒之男命　於水上濯時所成
（墨江之）神名上津綿津見神　次上筒之男命
（筑紫前 三前神）此三柱綿津見神者阿曇連等之祖神伊
都久（伊以下三字以音下效此）　故阿曇連等者其綿津
見神之子　宇都志日金柝命之子孫也（宇都志三字以音）

其底筒之男命中筒之男命上筒之男命
三柱神者墨江之三前大神也於是洗左御目
時所成神名天照御太神次洗右御目時所
成神名月讀命次洗御鼻時所成神名
速須佐之命須佐二字以音右件八十禍津日神以
下速須佐之男命以前十柱神者因滌御

朱 古三前神
伊勢 天照太神
伊勢 月讀命
朱 出雲杵築
速素
素戔烏尊

御身所生者也　此時伊耶那伎命大歓喜
詔吾者生々子而於生終得三貴子即其御
頸珠之玉緒母由良迩此四字以音下效此取由良迦
志而賜　天照太神而詔之汝命者所知高
天原矣事依而賜也　故其御頸珠名謂
倉坂挙之神訓坂挙云多那　次詔月読命汝命者

所知夜之食國矣事依也 訓食云袁須 次詔建速
須佐之男命汝命者所知海原矣事依也
故各随依賜之命所知看之中速須佐之男
命不治所命之國而八拳須至于心前啼
伊佐知伎也 自伊下四字以音下效此 其泣状者青山如

枯山泣枯河海者悉泣乾是以悪神之
音如狭蠅皆満萬物之妖悉發故伊邪那
岐大御神詔速須佐之男命何由以汝不
治事依之國而哭伊佐知流尓答白僕
者欲罷妣國根之堅州國故哭尓伊邪那
岐大御神大忿怒詔然者汝不可住此國

〻神夜良比尓夜良比賜也自夜以下七字以音故其伊
邪那岐大神者坐淡路之多賀也故於是速須
佐之男命言然者請天照大御神將罷乃参
上天時山川悉動國土皆震尓天照大御神
聞驚而詔我那勢命之上來由者必不善心
欲奪我國耳即解御髮纒御美豆羅而

乃於左右御美豆羅亦於御傍亦於左右御
手各纏持八尺勾璁之五百津之美須麻流之
珠而【自美至流四字以音下效此】曽毘良迩者負千入之靫
【訓入云能理下效此　自曽至迩以音也】比良迩者附五百入之靫亦所
取佩伊都【此二字以音】之竹鞆而弓腹振立而堅

蹈於向股蹈那豆美（三字以音）如沫雪蹶散而

伊都（二字以音）之男建（訓建云多祁布）蹈建而待問何故上來

尒速須佐之男命答曰僕者無邪心唯大御

神之命以問賜僕之哭伊佐知流之事故白

都良久（三字以音）僕欲往妣國以哭尒大御神詔汝

若在此國而神夜良比夜良比賜故以
為請將罷往之狀參上耳無異心爾天照大
御神詔然者汝心之清明何以知於是速須
佐之男命答白各宇氣比而生子（自宇以下三字以音效此）
故爾各中置天安河而宇氣布時天照大御
檢切也

神先乞度建速須佐之男命所佩十拳之
劒打折三段而奴那登母母由良迩（此八字以音下效此）
振滌天之眞名井而佐賀美迩迦美而（自佐下六字以音
下效此）於吹棄氣吹之狭霧所成神御名多紀
理毘賣命（此神名以音）亦御名謂奧津島比賣命次市寸

寸嶋上比賣命亦御名謂挟依毘賣命次

多岐都比賣命　三柱此神 名以音　速須佐男命乞度

天照大御神所纏左御美豆良八尺勾璁之

五百津之美須麻流珠而奴那登母々由良尓　璁又七瓆瓊文

振滌天之真名井而佐賀美迩迦美而於吹棄

氣吹之狭霧所成神御名正勝吾勝々速日
天之忍穂耳命亦乞度所纏右御美豆良
之珠而佐賀美迦美而於吹棄氣吹之狭
霧所成神御名天之菩卑能命〔自菩下三字以音〕亦乞
度所纏右御手之珠而佐賀美迦美而

於吹棄氣吹之狹霧所成神御名天津
日子根命又乞度所纏左御手之珠而佐
賀美邇迦美而於吹棄氣吹之狹霧所成
神御名活津日子根命亦乞度所纏右御手
之珠而佐賀美邇迦美而於吹棄氣吹之

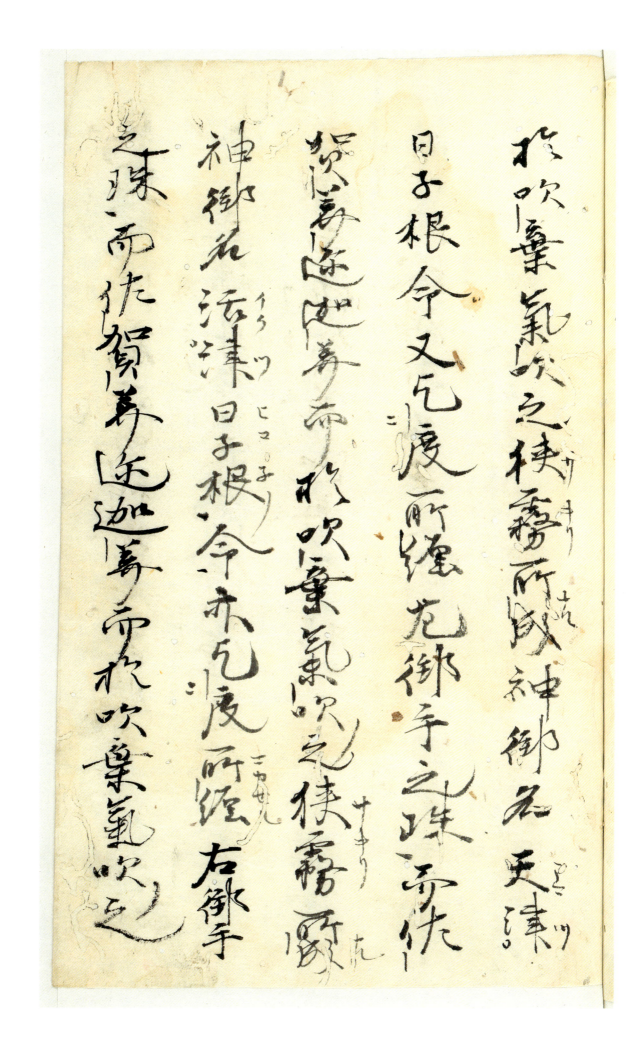

狭霧所成神御名熊野久須毘命 自久下三字以音
并五柱於是天照大御神告速須佐之男命
是後所生五柱男子者物實因我物所成
故自吾子也先所生之三柱女子者物實因
汝物所成故乃汝子也如此詔別也故其先所

生之神多伎理毘賣命者坐胸形之奥津
宮次市寸嶋比賣命者坐胸形之中津宮
次田寸津比賣命者坐胸形之邊津宮此三
柱神者胸形君等之以伊都之三前大神
者也故此後所生五柱子之中天菩比命之子
建比良鳥命此出雲國造无邪志國造上菟上國造下菟上國造伊自牟國造津嶋縣直遠江國造等之祖也

次天津日子根命者凡川内国造額田部湯坐連倭田中直山代国造馬来田国造道尻岐閇国造周芳国造倭淹知造高市縣主蒲生稲寸三枝部造等之祖也尓速須佐之男命
白于天照大御神我心清明故我所生之子得
手弱女因此言者自我勝云而於勝佐備此二字以音
離天照大御神之営田之阿此阿字以音埋其溝亦其

於聞看大嘗之殿屎麻理【此二字以音】散故雖然
為天照大御神者登賀米受而告如屎醉而
吐散登許曾【此三字以音】我那勢之命為如此又離
田之阿埋溝者地矣阿多良斯登許曾阿【自】
【以下七字以音】我那勢之命為如此登【此一字以音】詔雖直猶
其惡不止而轉天照大御神坐忌服屋而令

織神御衣之時穿其服屋之頂逆剥天
斑馬剥而所随入時天服織女見驚而於梭
衝陰上而死 訓陰上云富登 故於是天照大御神見
閇天石屋戸而刺許母理 此三字以音 坐也尒高天原
皆暗葦原中国悉闇因此而常夜往於是

万神之聲者狭蝿那須〈此二字以音〉満萬妖悉發
是以八百万神於天安之河原神集〻而
〈訓集云都度比〉高御産巣日神之子思金神令思〈訓金云
加尼〉
屋　而集常世長鳴鳥令鳴而取天安河
上之天堅石取天金山之鐵而求鍛人天津

麻羅而〔麻羅二字以音〕科伊斯許理度賣命〔自伊以下
六字以音〕令作鏡科玉祖命令作八尺勾璁之五百
津之御須麻流之珠而召天兒屋命布刀玉
命〔布刀二字以音下效此〕而内拔天香山之眞男麻之肩拔
而取天香山之天之波々迦〔此三字以音木名〕而令占

令麻迦那波而自麻下七字以音天香山之五百津
真賢木矣根許士尓許士而自許下五字以音
於上枝取著八尺勾璁之五百津御須麻
流之玉於中枝取繫八尺鏡訓八尺云八阿多於下
枝取垂白丹寸手青丹寸手而訓垂云志殿

白和幣也
青和幣也

亦名真経津之鏡也
此種々物者布刀玉命布刀御幣登取持
而天兒屋命布刀詔戸言禱白而天手力
男神隱立戸掖而天宇受賣命手次繫
天香山之天之日影而爲鬘天之真拆而
爲手草結天香山之小竹葉而訓小竹云佐々於天

之石屋戸伏汙氣【此二字以音】而蹈登杼呂
許志【此五字以音】為神懸而掛胸乳裳
緒忍垂於番登也尓高天原動而八百万
神共咲於是天照大御神以為怪細開天
石屋戸而内告吾隱坐而以為天原自闇

亦葦原中国皆闇矣何由以天宇受賣者
爲樂亦八百万神諸咲尓天宇受賣白言
益汝命而貴神坐故歓喜咲樂如此言之間天
兒屋命布刀玉命指出其鏡亦奉天照大御
神之時天照大御神逾思奇而稍自戸
出而臨坐之時其所隠立之天手力男神取

其御手引出即布刀玉命以尻久米此二以音
縄控度其御後方白言従此以内不得
還入故天照大神出坐之時高天原及
葦原中国自得照明於是八百万神共議
而於速須佐之男命負千位置戸亦切

鬚及手足爪令祓而神夜良比夜良比岐又
食物乞大氣都比賣自鼻口及尻種々味
物取出而種々作具而進時速須佐之男
命立伺其態為穢汙而奉進乃殺其大宜
津比賣神故所殺神於身生物者於頭生
蚕於二目生稲種於二耳生粟於鼻生

小豆、於陰生麦、於尻生大豆。故是神産巣
日御祖命令取茲成種。故所避追而降出雲
國之肥河上名鳥髮地。此時箸從其河流
下。於是須佐之男命以爲人有河上而尋覓
上往者老夫與老女二人在而童女置中而泣
爾問賜之汝等者誰。故其老夫答言僕

者國神大山上津見神之子焉僕名謂足上
名椎妻名謂手上名椎女名謂櫛名田比賣
亦問汝哭由者何答白言我女者自本在
八稚女是高志之八俣遠呂智此三字以音毎年來
喫今其可來時故泣爾問其形如何答白

彼目如加賀智（酸醤也）而身一有八頭八尾
亦其身生蘿及檜椙其長度谿八谷
峡八尾而見其腹者悉常血爛也（此謂赤加賀
知者今酸醤者也）
爾速須佐之男命詔其老夫是汝之
女者奉於吾哉答白恐亦不覺御

名ツ尓荅詔吾者　天照大御神之伊呂勢

者也　自伊下三字以音　故今自天降坐也　尓足名椎手

名椎神白然坐者恐立奉　尓速須佐之男

命乃於湯津爪櫛取成其童女而刺御

美豆良告其足名椎手名椎神汝等釀八

釀　日本紀撰云應神天皇之代百済人須曽己利人名満来知習造酒之事

以往〻世殊於醸酒之從但殊有造酒之法代〻口中

塩析之酒且作廻垣於其垣作八門結八

嚼米吐納木槽經日醸成之為醴故於今世謂醸酒為嚼是其縁也

此三字

佐受岐以音毎其佐受岐置酒船而

今布良人所々ヘ

毎船盛其八塩析酒而待故随告而如此

設備待之時其八俣遠呂智信如言來乃

毎船垂入己頭飲其酒於是飲醉留

伏寝尓速佐之男命抜其所御佩之十握
劔切散其蛇者肥河變血而流故切中尾
時御刀之刃毀尓思恠以御刀之前刺割而
見者左都牟刈之大刀故取此大刀思異物
而白上於天照太御神也是者草那藝之草薙劔也
大刀也那藝二字以音故是以速須佐之男命宮可

造作之地求出雲国爾到坐須賀此二字以
音下效此地而詔之吾来此地我御心須〻賀〻
斯而其地作宮坐故其地者於今云須
賀也茲大神初作須賀宮之時自其
地雲立騰爾作御歌其歌曰

夜久毛多都　伊豆毛夜幣賀岐

都麻碁微尓

夜幣賀岐都久流　曽能夜幣賀岐袁

秘々
余以大巻成私祠巻爲二巻之々　抑云者
一巻之々

永徳元年五月廿六日書之了

道果

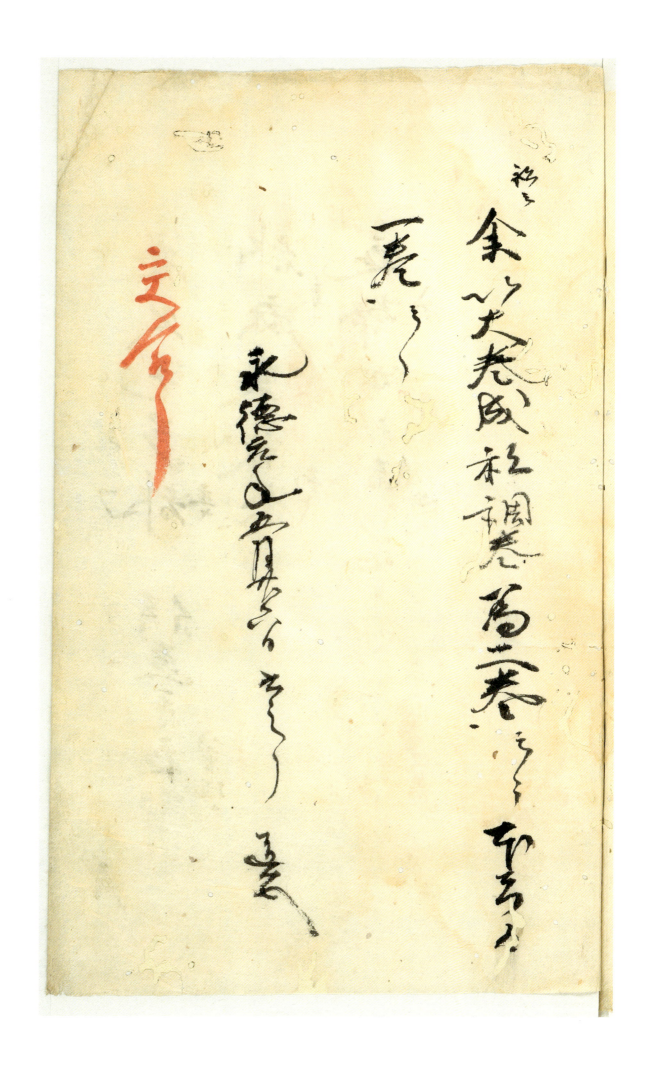

文庫

南無阿弥陀仏

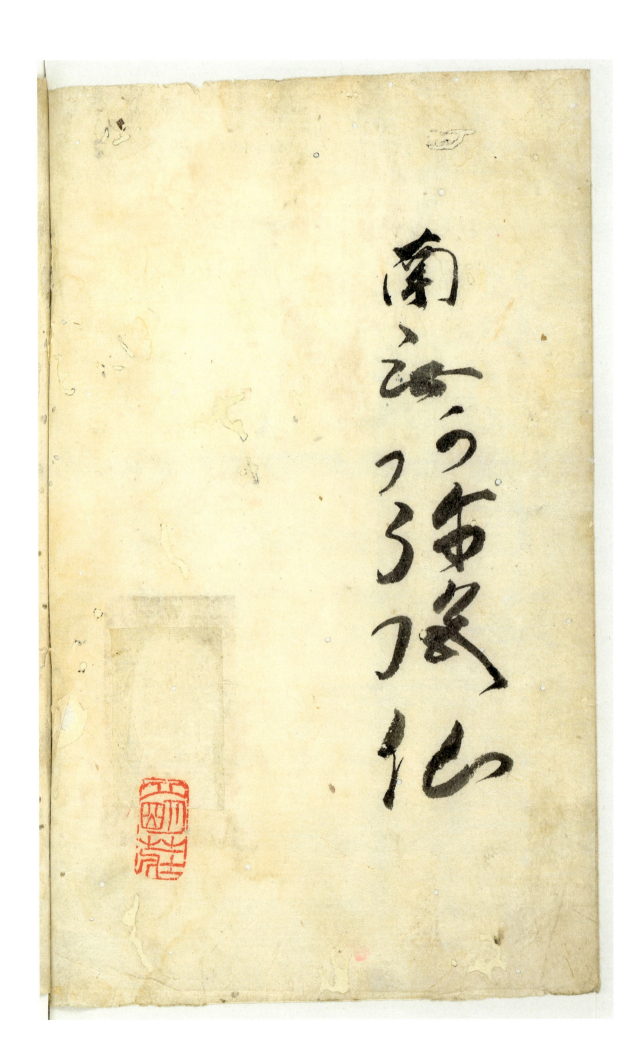

2101
イ159
天理図書館
503325
昭和廿二年十月十日
岡田眞之藏書

裏書（紙背貼付）

丹ゝ国風土記云ゝ丹後国丹波郡ゝ家西北隅方有比治里此里
比治山頂有井其名云麻奈井今既沼井天女八人降来浴水于時
有老夫婦其名曰和奈佐老夫和奈佐老婦此老等至此井而竊取蔵
天女一人衣裳即有衣裳者皆天飛上但无衣裳女娘一人留即身隠水而
独懐愧居爰老夫謂天女曰　吾无児即相住十余歳爰天女善為醸
酒飲一坏吉万病除ゝゝ
其一坏之財積車送于時其家豊土形富天女ゝゝ　至竹野郡
船木里奈具村ゝ此処我心成奈具志久　古事平善者　曰奈具坐　乃留居
此村斯所謂竹野郡ゝ奈具社坐豊宇賀能売命也

攝津国風土記云稲倉山昔止与宇可乃賣神居山中以盛飯因以為
名又曰昔豊宇可乃賣神常居稲榱（椁）山而以山為膳府之處後
有事故不可得已遂還於丹波国比遅乃麻奈韋地坐也
神祇式云豊宇氣姫命
祭是稲靈也俗詞宇賀乃美多麻今世産屋以
辟木束稲置於戸上乃以米散屋中之類也

裏書3（38）

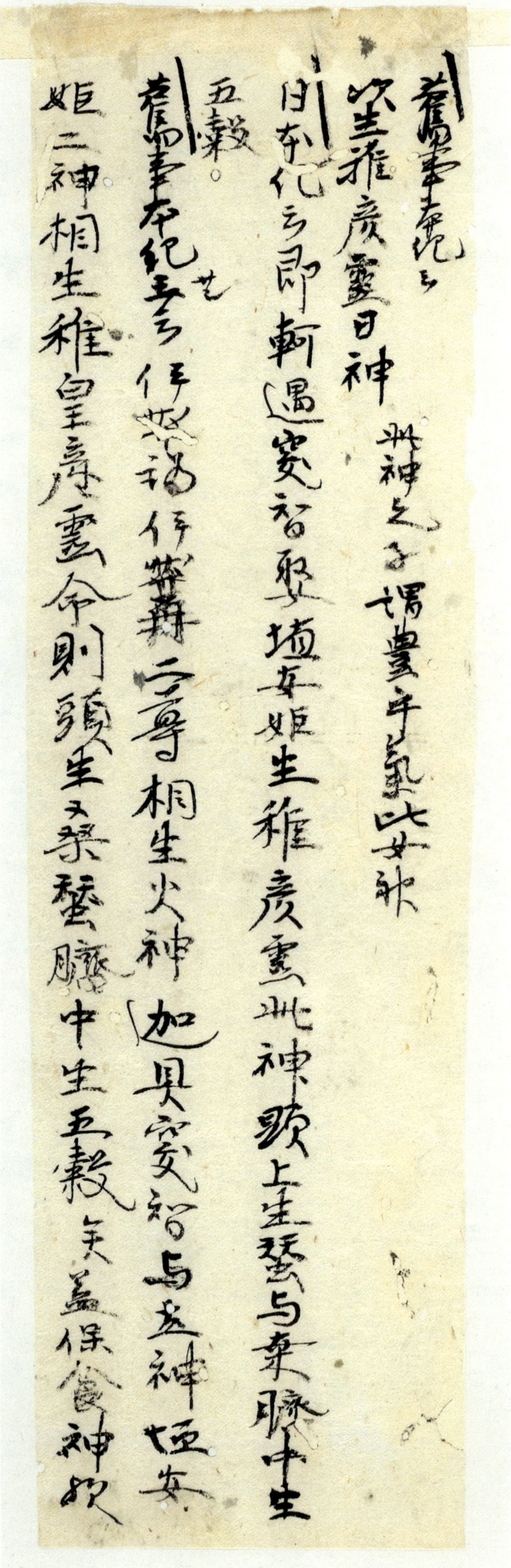
舊事本紀云
次生稚産霊日神　此神之子謂豊宇気比女神
日本紀云即軻遇突智娶埴安姫生稚産霊此神頭上生蚕与桑臍中生
五穀
舊事本紀云伊弉諾伊弉冉二尊相生火神加具突智与土神埴安
姫二神相生稚皇産霊命則頭生蚕桑臍中生五穀矣並保食神欤

裏書4（66）

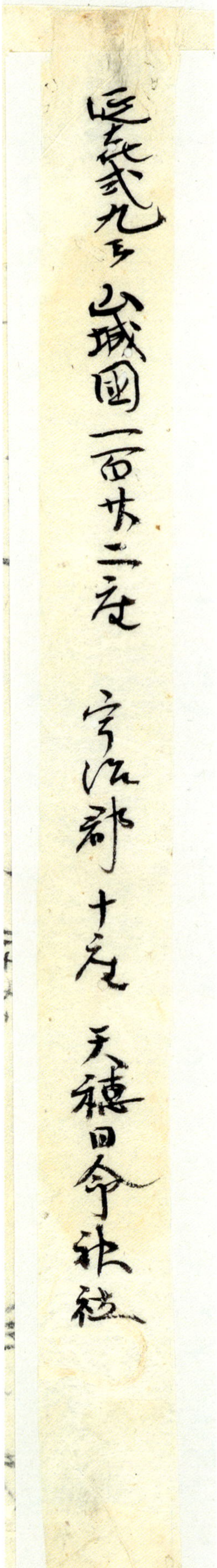
延喜式九云　山城国一百廿二座　宇治郡十座　天穂日命神社

馬事　　保し

日本朝月食ら
時宇記ら　保食狀已死唯其神之頂化為牛馬、
呉史撐日記今案保食狀已死其神し頂化の牛馬
俀国元馬牛事見舊傳故應神天皇之世百済進牛馬自州氐後
俀国有牛馬　若本自有牛馬方右先君臣寧校第徒步午

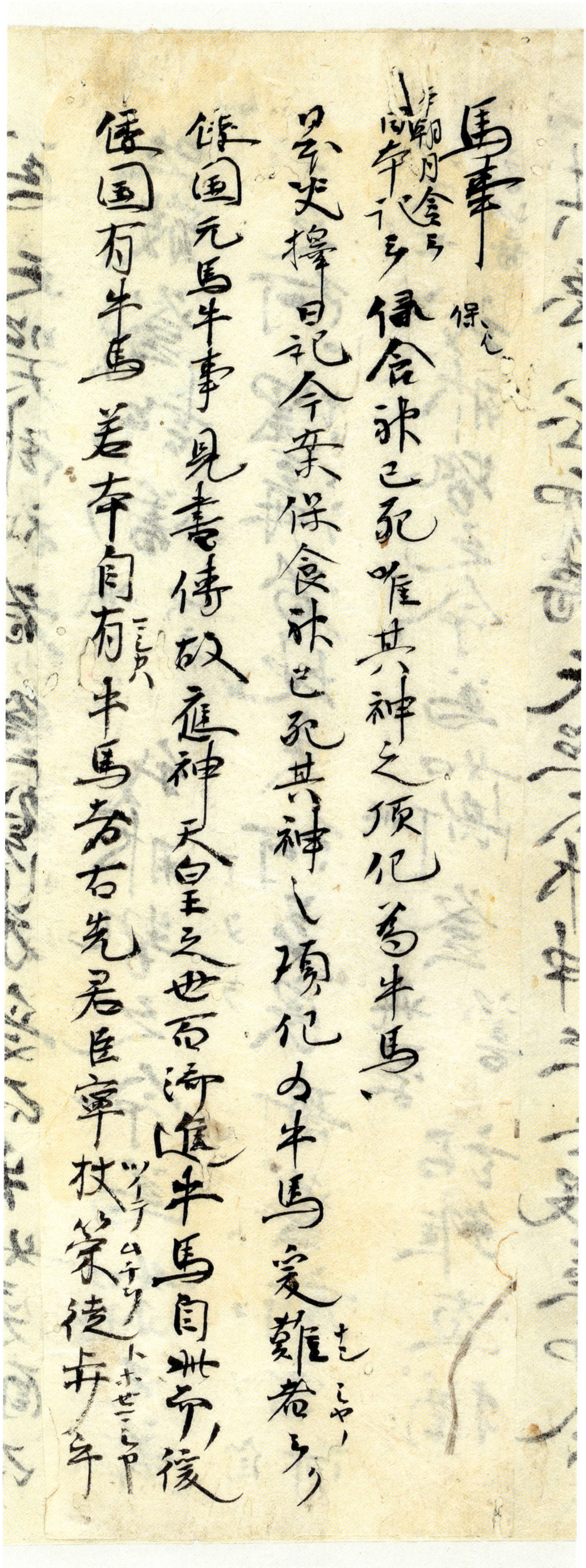

裏書6（72）

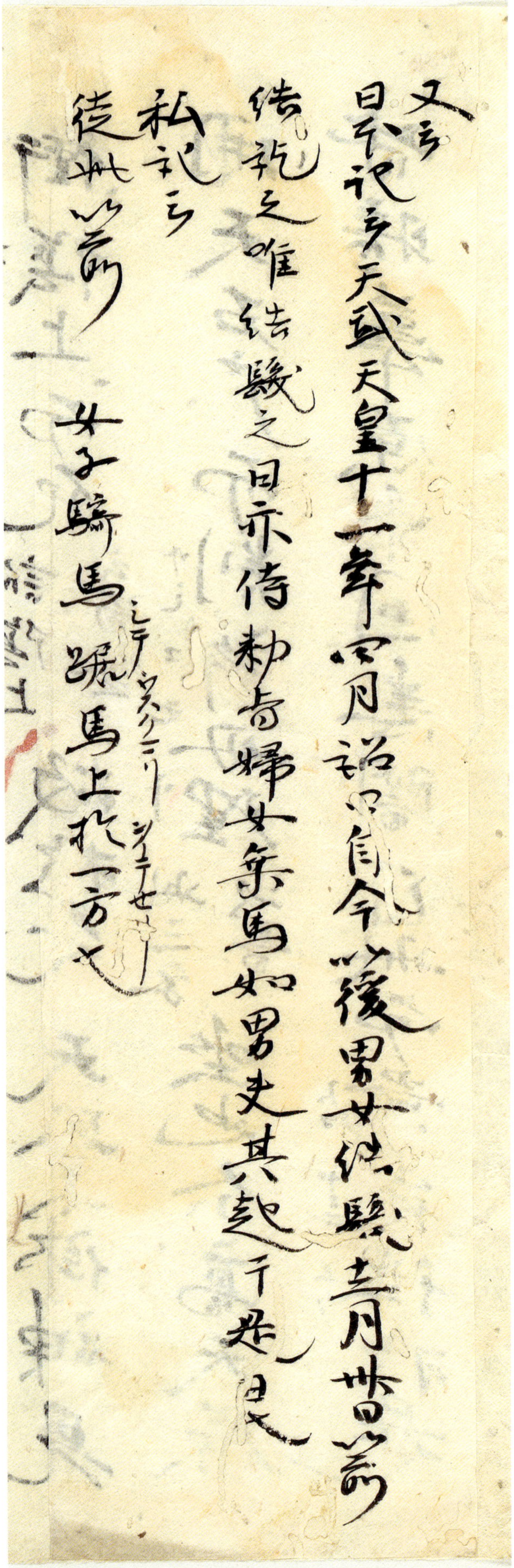

又云
日本紀云天武天皇十一年四月詔曰自今以後男女結髪 十二月卅日以前
結髪之唯結髪之日亦待勅旨婦女乗馬如男夫其起于是日也
私記云
徒然以前
女子騎馬 踞（ミテノウスクニリシテセリ）馬上於一方也

裏書7（78）

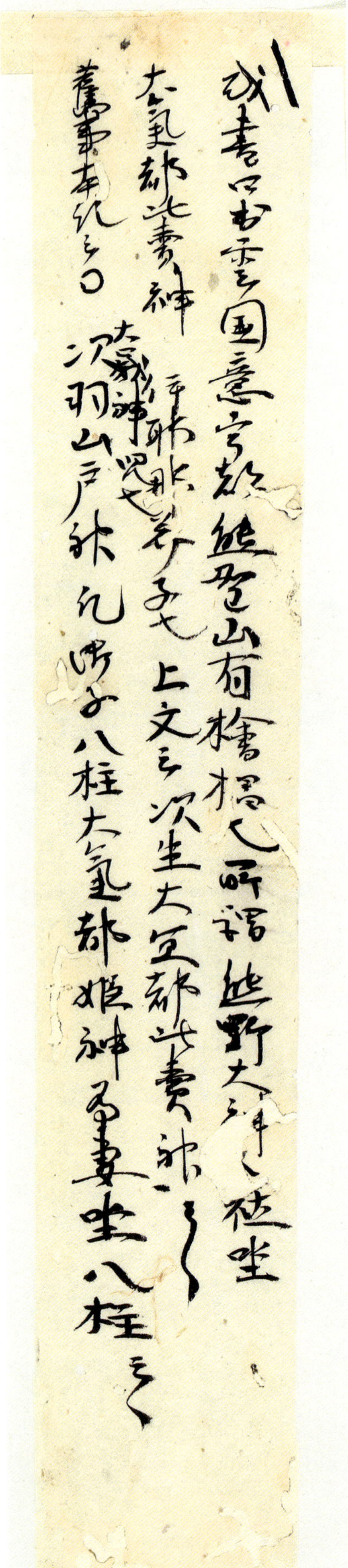

或書曰出雲国意宇郡熊野山有檜橿所謂熊野大神之社坐
大氣都比賣神 伊弉那岐伊弉那美之子也 上文云次生大宜都比賣神云々
舊事本紀云曰
次羽山戸神秋乙御子八柱大氣都姫神為妻生八柱云々

裏書8（79）

又云、伊弉諾伊弉冊二尊供議曰、吾已生大八洲及山川草木、何不生天下之
主者歟。先生日神云々。次生月神云々。次生素戔烏尊。此尊可治天下
而此神勇悍以忍安、且常以泣為行。故令国内人民以夭、復使青山
変枯山、後河海悉泣乾矣。是以悪神之音如佐蠅皆満、萬物之災云々
悉皆発矣

裏書9（80）

又云、伊弉諾尊詔曰、吾欲生御高（富本）之珍子、即化之神三柱矣云々
廻顧眄之間、有化出之神、号謂素戔烏尊

裏書10（81）

大山津見神

伊邪那岐命　伊邪那美命子也

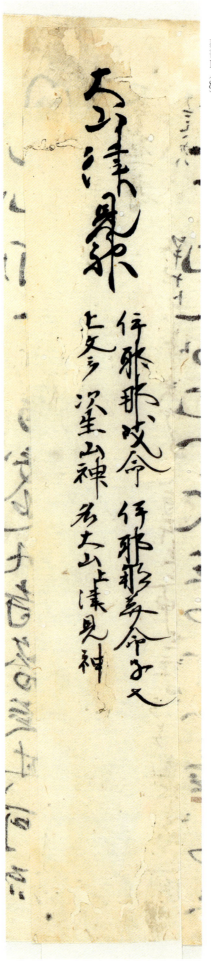

上文云　次生山神　名大山上津見神

播磨国風土記

2914
イ91

天理図書館
天理図書館
423857
昭和卅四年七月十五日

播磨国風土記

秘

一巻

播磨國風土記　一巻

望覧四方云此土丘原野甚廣大而見此土丘如鹿児故
名曰賀古郡狩之時一鹿走登於此丘鳴其聲比々故号
日岡此岡有比礼墓 坐神大御津歯命 子伊波都比古命 所以号褶墓者昔
大帯日子命誂印南別嬢之御佩刀之八咫剣之上結尓

望覧四方云此土丘原野甚廣大而見此丘如鹿児
名曰賀古郡狩之時一鹿走登於此丘鳴其聲比〻故号
日岡此岡有比礼墓坐神大御津歯命子伊波都比古命所以号褶墓者昔
大帯日子命誂印南別嬢之御佩刀之八咫剣之上結尓
八咫勾玉下結尓麻布都鏡繋時賀毛郡山直等始祖息
長命一名伊志治為媒而誂下行之時到摂津国高瀬之済
請欲度此河度子紀伊国人小玉申曰我為天皇贄人否
尓時勅云朕公雖然猶度度子對曰遂欲度者宜賜
度賃於是即取為道行儲之弟縵投入舟中則縵光
明炳然満舟度子得賃乃度之故云朕君済遂到赤
石郡廝御井供進御食故曰廝御井尓時印南別嬢

明炳然満舟度子得賃乃度之故云朕君済遂到赤
石郡廝御井供進御食故曰廝御井尓時印南別嬢
聞而驚畏之即遁度於南毗都麻嶋於是天皇乃到
賀古松原而覓訪之於是白犬向海長吠天皇問云是
誰犬乎須受武良首對曰是別嬢所養之犬也天皇
勅云好告哉故号告首乃天皇知在於此少嶋即欲度
到阿閇津供進御食故号阿閇村又捕江魚為御坏物
故号御坏物故号御坏江又乗舟之處以楉作榭遂
度相遇勅云此嶋隠愛妻仍号南毗都麻於是御舟
与別嬢舟同編合而楀杪使伊志治尓名号大中伊志
治還到印南六継村始成密事故曰六継村勅云此

治還至近印南六繼村始成密事故曰六繼村
處浪響鳥聲甚譁南還於高宮故曰高宮村是時
造酒殿之處即号酒屋村造贄殿之處即号贄田村
造宮之處即号館村又還於城宮田村仍始成昏也以
後別孃掃床仕奉出雲臣比須良比賣給於息長命
墓有賀古驛西有年別孃薨於此宮即作墓於日
岡而葬之擧其尸度印南川之時大飄自川下来
纏入其尸於川中求南不得但得匣与褶即以此二物
葬於其墓故号褶墓於是天皇戀悲誓云不食此
川之物由此其川年魚不進御贄後得御病勅云者
藥也即造宮於賀古松原而還或人於此堀出冷水

藥也即造宮於賀古松原而還或人於此堀出冷水
故曰松原御井　望理里土中上　大帯日子天皇巡行之
時見此村川曲勅云此川之曲甚美哉故曰望理　鴨波
里土中〻　昔大部造等始祖古理賣耕此之野多種粟
故曰粟〻里　此里有舟引原昔神前村有荒神毎半
留行人之舟於是往来之舟悉留於印南之大津江上於
川頭自賀意理多之谷引出而通出於赤石郡林潮故
曰舟引原又事与上解同　長田里土中〻　昔大帯日子命
幸行別嬢之處道邊有長田勅云長田哉故曰長田里
驛家里土中〻　由驛家為名一家云所以号印南者穴門
豊浦宮御宇天皇与皇后俱欲平筑紫久麻曽国下
行之時御舟宿於印南浦此時滄海甚平風波和静

豊浦

行之時御舟宿於尓南浦此時滄海甚平風波和静

故名曰入尓南浪郡　大国里土中ゝ　所以号大国者百

姓之家多居此故曰大国此里有山名曰伊保山所以帯

中日子命乎坐於神而息長帯日女命率石作連来

而求讃伎国羽若石也自彼度賜未定御廬之時

大来見顕曰美保山々西有原名曰池之原々中有池

故曰池之原々南有作石形如屋長二丈廣一丈五尺高

亦如之名号曰大石傳云聖徳王御世弓削大連所

造之石也

大石傳云

大石傳云

六継里 土中ヽ 所以号六継里者已尓見此里有松原
甘茂色似茯花體如鷰菜十月上旬生下旬亡其味
甚甘　益気里 土中上 所以号宅者大帯日子命造御
宅於此村故曰宅村此里有山名曰斗形山以石作斗
与乎気故曰斗形山有石橋傳云上古之時此橋至天八
十人衆上下往来故曰八十橋　含藝里 本名瓶落 土中上所
以号瓶落者難波高津宮御世私部弓取等遠祖他
田熊千瓶酒着於馬尻求行家地其瓶落於此村故曰
瓶落又有酒山大帯日子天皇御世酒泉涌出故曰酒山
百姓飲者即酔相闘相乱故令埋塞後庚午年有人
堀出于今猶有酒気郡南海中有小嶋名曰南毗都麻

堀出于今猶有湶氣郡南海中有小嶋名曰南毗都麻
志我高穴穗宮御宇天皇御世遣丸部臣等始祖比古汝
茅令定国堺尓時吉備比古吉備比賣二人參迎於是比古汝
茅娶吉備比賣生兒印南別嬢此女端正秀於當時尓時
大帶日古天皇欲娶此女下幸行之別嬢聞之即者若
度件嶋隱居之故曰南毗都麻

餝磨郡

所以号餝磨者大三間津日子命於此處造屋
秡而座時有大鹿而鳴之尓時王勅云壯鹿鳴哉故号
餝磨郡　漢部里土中上　右稱漢部者讃藝国漢人等
到来居於此處故号漢部　菅生里土中上　右稱菅生者
此處有菅原故号菅生　麻跡里土中上　右号麻跡者
品太天皇巡行之時勅云見此二者山能似人眼割下故号
[illegible]

品太天皇巡行之時来云爾此二者山能似人眼割下故号
目割　莫賀里土中上　右稱莫賀者伊和大神之子阿
賀比古阿賀比賣二神在於此處故因神名以為里
名　伊和里　舩丘　波丘　琴丘　匣丘　箕丘　日子遂丘　萩丘　稲丘　冑丘　麻丘　犬丘　鹿丘　藤丘　土中上　右号伊
和部者積幡郡伊和君等族到来居於此故号伊和部
所以号手苅丘者近国之神到於此處以手苅草以為食
薦故号手苅　一云韓人等始来之時不識用鎌但以手苅
稲故云手苅村　右十四丘者已詳於上　昔大汝命之子
火明命心行甚強是以父神患之欲棄之乃到因達
神山遣其子汲水未還以前即發船遁去於是火明命
汲水還来見船發去即大瞋怨仍起風波追迫其船於
是父神之船不能進行遂被打破　所以其處[illegible]

是父神之舩不能進行遂被打破所以其波丘琴落
處者即号琴神丘箱落處者即号箱丘櫛匣落處
者即号匣丘箕落處者仍号箕形丘甕落處者仍
處者仍日甕丘稲落處者即号稲牟礼丘冑落處者
即号冑丘沈石落處者即号沈石丘綱落處者即号
藤丘鹿落處者即号鹿丘犬落處者即号犬丘蠶子
落處者即号日女道丘尓時大汝神謂妻弩都比賣
曰為遁悪子返遇風波被太辛苦所以号曰瞋塩曰
告齊　賀野里幣丘土中上右稱加野者品太天皇巡
行之時此處造殿仍張蚊屋故号加野山川之名亦与里
同　所以稱幣丘者品太天皇到於此處奉幣地祇故
号幣丘　韓室里土中〻右稱韓室者韓室首寶等上

[illegible]

号幣丘　韓室里　土中ゝ　右称韓室者韓室首寶等上

祖家大冨饒造韓室故号韓室　巨智里　草上村　大立丘　土上下

右巨智等始屋居此村故因為名　所以云草上者韓人

山村等上祖柞巨智賀那請此地而墾田之時有一聚草

其根尤臭故号草上　所以称大立丘者品大天皇立於此

丘覧之地形故号大立丘　安相里　長畝川　土中ゝ　右所以安相

里者品太天皇従但馬巡之時縁道不撤御冠故号陰山前

仍国造豊忍別命被剥名尓時但馬国造朝（阿）戸命中給依此

赦罪即奉塩代塩田廿千代有名塩代田佃但馬国朝来人

到来居於此處故号安相里　本名沙部云後里名依改　字二字注為安相里　所以号長

畝川者昔此川生蒋于時賀毛郡長畝村人到来苅蒋

尓時此處石作連等為奪相闘仍殺其人即投棄於此

尒時此處石作連等爲奪相闘仍殺其人即投棄於此
川故号長畝川本又阿胡尼命娶英保村女卒於此村遂造
墓葬以後正骨運持去之云来枚野里 新羅訓村筥岡 右稱枚野
者昔爲少野故号枚野 所以号新良訓者昔新羅国
人来朝之時宿於此村故号新羅訓 山名亦因 所以稱筥丘
者大汝少日子根命与日女道丘神期會之時日女道神於
丘備食物及筥器等具故号筥丘 大野里 砥堀 土中〻 右稱
大野者本爲荒野故号大野 嶋宮御宇天之御世村上
足嶋等上祖恵多志貴請此野而居之乃爲里名
所以稱砥堀者品太天皇之世神前郡与餝磨郡之堺
造大川岸道是時砥堀出故号砥堀于今猶在少川里
高瀬村豊国村英馬野射目前檀坂御取山御堅 伊刀嶋 土中〻 本名私里 右号私里嶋宮御宇

土中　志号私里嶋宮　宇

前檀坂　夕取山御豎　伊刀嶋　私里

天皇世私部弓束等祖田又利君鼻畱志貴請此處

而居之故号私里以後庚寅年上大夫為宰之時改為小

川里一云小川自大野流来此處故曰小川　所以称高瀬者

品太天皇登於夢前丘而望見者北方有白色物云彼何

物乎即遣舎人上野国麻奈毗古令察之申云自高處流

落水是也即号高瀬村　所以号豊国者筑紫豊国之神

在於此處故号豊国村　所以号英馬野者品太天皇此野

狩時一馬走逸勅云誰馬乎侍従等對云朕御馬也即号

我馬野是時立射目之處即号射目前弓折之處即号

檀丘御立之處即号御立丘是時大牝鹿泳海就嶋故号伊

刀嶋　英保里土中上　右稱英保者伊豫国英保村人到来居於

乃濃美保里土上　右稱美保者伊豫国美保村人至来居
此處故号美保村　美濃里　継潮　土下中　右号美濃者讃
伎国弥濃郡人到来居之故号美濃　所以稱継潮者昔
此国有一死女尒時筑紫国火君等祖　不知名　到来復生
仍取之故号継潮　因達里　土中　右稱因達者息長帯
比賣命欲平韓国渡坐之時御船前伊太代之神在於此處
故因神名以為里名　安師里　土中中　右稱安師者倭穴无神〻戸託仕
奉故号穴師　漢部里　多志野　阿比野　手沼川　里名詳於上　右
稱多志野者品太天皇巡之時以鞭指此野勅云彼野者
宜造宅及墾田故号佐志野今改号多志野　所以阿比
野者品太天皇従山方幸行之時従臣等自海方参會故
号會野　所以稱手沼川者品太天皇於此川洗御手

野者品太天皇御巡行之時
号會野　所以稱手沼川者品太天皇於此川洗御手
故号手沼川生年魚有味　貽和里船丘北邊有馬墓池昔
大長谷天皇御世尾治連等上祖長日子有善婢与馬
並合之意於是長日子将死之時謂其子曰吾死以後皆
葬准吾即為之作墓第一為長日子墓第二為婢墓
第三為馬墓并有三後上生石大夫為国司之時築此
墓邊池故因名為馬墓池　所以稱餝磨御宅者大雀
天皇御世遣人喚意伎出雲伯耆因幡但馬五国造等
是時五国造即以召使為水手而向京之以此為罪即退
於播磨国令作田也此時所作之田即号意伎田出雲伯
耆田因幡田但馬田即彼田稲収納之御宅即号餝磨

耆田因幡田但馬田即彼田稲収納之宅即号飾磨
御宅又云賀和良久三宅
揖保郡　事明下
伊刀嶋　諸嶋之揔名也　右品太天
皇之射人目於飾磨射目前為將之於是自我馬野出牝
鹿過此阜入於海泳渡於伊刀嶋爾時翼人等望見相語
云鹿者既到就於彼嶋故名伊刀嶋
香山里 本名鹿来墓　土下上　所以号鹿来墓者伊和大神占
国之時鹿来立於山〻岑〻〻是亦似墓故号鹿来墓 後至
道守臣為宰之時乃改名為香山　家内谷　即是香
山之谷形如垣廻故号家内谷佐〻村品太天皇巡行之時
猨齧竹葉而遇之故曰佐〻村　阿豆村伊和大神巡行之
時苦其心中熱而㯼絶衣紐故号阿豆　一云昔天有二星

時告云必于其而引絶衣紐故号阿荳一云昔天有二星
落於地化為石於此人衆集来談論故名阿荳
飯盛山 讃伎国宇達郡飯神之妾名曰飯盛大刀自此神度
来占此山而居之故名飯盛山
大鳥山 鵜栖此山故大鳥山 粟栖里 土中 所以名粟栖者難
波高津宮天皇勅賜刊粟子若倭部連池子即将退来
殖生此村故号粟栖此粟子由奈刊後无渋迴爪金箭爪
品太天皇巡行之時御苅金箭落此於此川故号金箭
阿為山 品太天皇之世紅草生於此山故号阿為山 注不知名之
鳥起正月至四月見五月以後不見形似鳩色如紺 越部里
舊名皇子代里 土中々 所以号皇子代者勾宮天皇之世寵人但馬
君小津蒙寵賜姓為皇子代君而造三宅於此村令仕
奉之故曰皇子代村後至上野大夫結卅戸之時改号越部里

君小津蒙寵賜姓為皇子代君而造三宅於此村令仕
奉之故曰子代村後至上野大夫結卅戸之時改号越部里
一云自但馬国三宅越来故号越部村　鷁住山　所以号鷁住者昔鷁住於此山故曰
為名　欄坐山　石似欄故号欄坐山　御橋山　大汝命積俵立
橋山石似橋故号御橋山　狭野村　別君玉手等遠祖本
居川内国泉郡因地不便遷到此土仍云此野雖狭猶可居
也故号狭野　出雲国阿菩大神聞大倭国畝火香山耳
梨三山相闘此欲諌止上来之時到於此処乃聞闘止覆其所乗之船而坐之故号神阜々形似覆　上罡里　本林田里
土中下菅生山邊故曰菅生一云品太天皇巡行之時闢井此
罡水甚清寒於是勅曰由水清寒吾意宗々我々志故曰
宗我富殿罡造殿々故曰殿罡々生柏日下部里　因人姓為名　土中々
立野　所以号立野者昔土師弩美宿祢往来於出雲国
宿於日下部野乃得病死尓時出雲国人来到連立人衆運傳

宿於日下部野乃得病死尒時出雲国人来到連立人衆運傳
上川礫作墓山故号立野即号其墓屋為出雲墓屋
枚田里 本名淡奈志 土中下 所以称淡奈志者伊和大神占国之
時御志植於此処遂生楡樹故称名淡奈志
松尾阜 品太天皇巡行之時於此処日暮即取此阜松為
之燎故名尾塩阜 惟遐之南有鹹水方三丈許与海相潤
卅里許以礫為底以草為邊与海水同往来満時深三寸
許牛馬鹿等嗜而飲之故号塩阜 所以名伊勢野者此
野毎在人家不得静安於是衣縫猪手漢人刀良等祖将
居此処立社山本敬祭在山岑神伊和大神子伊勢都古
命伊勢都比売命矣自此以後家々静安遂得成里即号
伊勢
伊勢川 因神為名稲種山 大汝命少日子根命二柱

伊勢　伊勢川臣祖為名稲種山　大汝命少日子根命二柱
神在於神前郡堲里生野之岑望見此山云彼山者當置
稲種即遣稲種積於此山〻形亦似稲積故号曰稲積山
邑智驛家　土中下　品太天皇巡行之時到於此處勅云吾謂
狭地此乃大内之乎故号大内　冰山　惟山東有流井品太
天皇汲其井之水而冰之故号冰山　槻折山　品太天皇
狩於此山以槻弓射走猪即折其弓故曰槻折山　此山南
有石穴〻中生蒲故号蒲阜〻至今不生　廣山里
舊名握村　土中上　所以名都可者石比賣命立於泉里波多
椅為社而射之到此處箭盡入地唯出握許故号都可村
以後石川王為總領之時改為廣山里　昔但馬國
人伊頭志君麻良比家居此山二女夜打麻即麻置於己
胸死故号麻打山于今居此邊者至夜不打麻俗人云

匍死故号麻打山于今居此邊者至夜不打麻矣俗人云
讃伎国㝵比川品太天皇之世出雲御蔭大神坐於枚方
里神尾山毎遮行人半死半生尒時伯耆人小保弖因幡布
久漏出雲都伎也三人相憂申於朝庭於是遣額田部
連久等々令禱于時作屋形於屋形田作酒屋於佐々山
而祭之宴遊甚樂即櫟山柏挂帯捶腰下於此川相壓故
号壓川 枚方里土中上 所以名枚方者河内国茨田郡枚
方里漢人来到始居此村故曰枚方里 佐比岡 所以名
佐比者出雲之大神在於神尾山此神出雲国人経過此處
者十人之中留五人之中留三人故出雲国人等作佐比祭於
此岡遂不和受所以然者比古神先来比賣神後来此男

山里遊不和受所以然者比古神先来比賣神後来此男
神不能鎮而行去之所以女神怨怒也然後河内国茨田
郡枚方里漢人来至居此山邊而敬祭之僅得和鎮因此
神在名曰神尾山又作佐比祭處即号佐比岡　所以
名佐岡者難波高津宮天皇之世召筑紫田部令墾此地之
時常以五月集聚此岡飲酒宴故曰佐岡　大見山所以
名大見者品太天皇登此山嶺望覧四方故曰大見御立
之處有盤石高三尺許長三丈許廣二丈許其石面往々
有窪跡此名曰御沓及御杖之處　三前山此山前有三故
曰三前山
御立阜　品太天皇登於此阜覧国故曰御立阜　大家里
舊名大宮里　土中上　品太天皇巡行之時営宮此村故曰大宮後至
今名勝部里

[illegible]土中上品太天皇巡行之時營宮此村故曰大宮
宮里田中大夫為宰之時改大宅里大法山今名勝部罡品太天皇
於此山宣大法故曰大法山今所以号勝部者小治田河原天
皇之世遣大倭千代勝部等令墾田即居此山邊故号勝
部罡
上筥罡下筥罡里户津勅田　宇治天皇之世宇治連等遠
祖兄太加奈志弟太加奈志二人請大田村与冨等地墾田将
遊来時廝人以杖荷食具等物於是杖折荷落所以奈閇
落處即号里户津前筥落處即名上筥罡後筥落處
即日下筥罡荷杖落處即日杖田大田里土中上所以稱大田
者昔呉勝従韓国度来始到於紀伊国名草郡大田村
其後分来移到於摂津国三嶋賀美郡大田村其又遷
来於揖保郡大田村是本紀伊国大田以為名也

来於揖保郡大田村是本紀伊国大田以為名也
言挙阜　右所以稱言挙阜者大帯日賣命之時行軍之
日御於此阜而教令軍中日此御軍者慇懃勿為言挙
故号日言挙前鼓山　昔額田部連伊勢与神人腹太文相
闘之時打鳴鼓而之故号日鼓山　右生塩　石海里土惟上中
右所以稱石海者難波長柄豊前天皇之世是里中有
百便之野生百枝之稲即阿曇連百足仍取其稲獻之
尓時天皇勅日宜墾此野作田乃遣阿曇連太牟治石
海人夫令墾之故野名日百便村号石海也酒井野右所
以酒井者品太天皇之世造宮於大宅里闢井此野造之
酒殿故号酒井野　宇須伎津　右所以名宇須伎者大

浦殿故号須井里　宇須伎津　右所以名宇須伎者大
帯日賣命将平韓国度行之時御舩宿於宇伎頭川之
泊自此泊度行於伊都之時忽遭逆風不得進行而従舩
越ゝ御舩ゝ猶亦不得進乃追發百姓令引御舩於是有
一女人為資上己之真子而堕於江故号宇須伎 新辞伊波須久
宇頭川　所以宇頭川者宇須伎津西方有絞水之淵故号
宇頭川即是大帯日賣命宿舩之泊　伊都村　所以称伊
都者御舩水手等云何時将到於此所見之乎故曰伊
都　雀嶋　所以号雀嶋者雀多聚於此嶋曰雀嶋 不生草木
浦上里 土上中　右所以号浦上者昔阿曇連百足等先居
難波浦上後遷来於此浦上故曰夲居為名御津　息長
帯日賣命宿御舩之泊故号御津　室原泊　所以号室

帯日賣命宿泊船之伯故号泊 室原泊 所以号室
者此伯防風如室故因為名 白貝浦 昔在白貝故因為名
家嶋人民作家而居之故号家嶋 生竹里葛木 神嶋伊刀嶋
等所以稱神嶋者此嶋西邊在石神形似佛像故因
為名此神顔有五色之玉又胸有流涙是亦五色所以泣者
品太天皇之世新羅之客来朝仍見此神之奇偉以
為非常之珍玉屠其面色堀其一瞳神由泣於是大怒
即起暴風打破客船漂没於高嶋之南濵人悉死亡
乃埋其濵故号曰韓濵于今過其處者慎心固戒不
言韓人不拘盲事韓荷嶋韓人破船所漂之物漂就
於此嶋故号韓荷嶋 高嶋高勝於當處嶋等故号
高嶋 萩原里 土中々 右所以名萩原者息長帯日賣命

高嶋　萩原里土中〻　右所以名萩原者息長帶日賣命
韓國還上之時御船宿於此村一夜之間生萩根高一丈
許仍名萩原即闢御井故云針間井其處不墾又
墫水溢成井故号韓清其水朝汲不出朝尒造酒
殿故酒田舟傾乾故云傾田舂米女等陰陪従婚断
故云陰絶田仍萩多榮故云萩原已尒祭神少足命坐
鈴鍫里　所以号鈴鍫者品太天皇之世田於此里鷹
鈴墮落求而不得故号鈴鍫里　少宅里本名漢部里
土下中　所以号漢部者漢人居之此村故以爲名所以
後改曰少宅者川原若使祖父娶少宅秦公之女即
号其家少宅後若使之孫智麻呂任爲里長由此庚

号其家〻少宅後若狭〻孫智麻呂任為里長由此庚
寅年為少宅里　細螺川　所以号細螺川者百姓為
田闌溝細螺多在此溝後終成川故曰細螺川　揖保里（土中）
所以称粒者此里依於粒山故因山為名粒丘　所以号粒
丘天日槍命従韓国度来到於宇頭川底而乞宿処於
葦原志挙乎命曰汝為国主欲得吾所宿之処志挙
即許海中尓時客神以剣攪海水而宿之主神即畏客
神之盛行而先欲占国巡上到於粒丘而飡之於此自口落
粒故号粒丘其丘小石比能似粒又以杖刺地即従杖処寒
泉涌出遂通南北〻寒南温（生白朮）神山此山在石神故号
神山（生椿子八月熟）出水里　此村出寒泉故因泉為名（土中〻）義奈
志川　所以号義奈志川者和大神子石龍比古命与妹石

志川　所以号美奈志川者和大神子石龍比古命与妹石
龍賣命二神相競川水妹神欲流於北方越部村妹神
欲流於南方泉村尓時妹神蹈於山岑而流下之妹神見
之以為非理即以指櫛塞其流水而従岑邊闢溝流於
泉村格尓妹神復到泉底之川流奪而将流於西方桑
原村於是妹神遂不許之而作密樋流出於泉村之田
頭由此川水絶而不流故号无水川　桑原里舊名倉見里
品太天皇停立於欟折山覧之時森然所見倉故名
倉見村今改名為桑原一云桑原村主等盗讃容郡桉
見将来其主認来見於此村故曰桉見琴坂　所以号琴
坂者大帯比古天皇之世出雲国人息於此坂有一老父与
女子倶作坂本之田於是出雲人欲使感其女乃弾琴令聞
故号琴坂此處有銅牙石形似雙六之綵

故号琴坂此處有銅牙石形似雙六之綵

讃容郡　所以云讃容者大神妹妋二柱各競占国之時妹玉

津日女命捕臥生鹿割其腹而種稲其血仍一夜之間生

苗即令取殖尓大神勅云汝妹者五月夜殖哉即去他處

号五月夜郡神名賛用都比賣命今有讃容町田也即

鹿放山号鹿庭山々四面有十二谷皆有生鐵也難波豊前

於朝庭始進也見顕人別部犬其孫等奉發文初

讃容郡　事与里同　土上中　吉川（本名玉落川）大神之玉落於

此川故曰玉落今云吉川者稲狭部大吉川居於此村故曰吉川

其山（生黄連）桉見佐用都比賣命於此山得金桉故曰山石金

肆川名桉見伊師即是桉見之阿上川底如床故曰伊師（其山生精）

（原本）速湍里　土上中　依川湍速々湍社坐神廣比賣命故冊

康卞 廉 速湍里 土上中 依川湍速〻湍社坐神廣比賣命故冊
都比賣弟 凍野 廣比賣命占此土之時凍氷故曰凍
野凍石邑寶里 土中上 旀麻都比古命治井飡粮即云吾占多
国故曰大村治井處号侍井村 鍫柄川神日子命之鍫柄令
採此山故其山之川号曰鍫柄川 室原山屏風如室故曰室
原 生人參獨活藍 膝升麻白朮石灰 久都野旀麻都比古命告云此山踰者可崩故
曰久都野後改而云宇努其邊爲山中并爲野 柏原里
由柏多生号爲柏原 筌戸大神從出雲国来時以嶋村岡爲
呉床坐而筌置於此川故号筌戸也不入魚而入鹿此取作
鱠食不入口而落於地故去此處遷他 中川里 土上下 所以名仲
川者苫編首等遠祖大仲子息長帯日賣命度行於韓
国之時船宿淡路石屋之尓時風雨大起百姓悉漂于時大中
子以苫作屋天皇勅云此爲国富即賜姓爲苫編首仍居此

[illegible]
子以苫作屋天皇勅云此爲国富即賜姓爲苫編首仍居此
處故号仲川里引船山近江天皇之世道守臣爲此国之宰
造官船於此山令引下故日船引山住鵲一云韓国烏栖枯
木之穴春時見夏不見也生人參細辛 昔近江天皇之世有丸部
具也是仲川里人也此人買取河内国免寸村人之賣釼也得
釼以後擧家滅亡然後苫編部犬猪圃彼地之墟土中得此
釼土与相去廻一尺許其柄朽失而其刃不澁光如明鏡於是
犬猪即懷恠心取釼歸家仍招鍛人令燒其刃尓時此釼
屈申如蛇鍛人大驚不營而止於是犬猪以爲異釼獻之
朝庭後淨御原朝庭甲申年七月遣曾祢連麿返送本
處于今安置此里御宅北山之邊有李五根至于仲冬其實
不落孫加都岐原難波高津宮天皇之世伯耆加具漏因幡

不認故加都岐原難波高津宮天皇之世伯耆加具漏因幡
邑由胡二人大驕无節以清酒洗手足於是朝庭以爲過度
遣狭井連佐夜召此二人尒時佐夜仍悉禁二人之族赴參
之時屢漬水中酷拷之中有女二人玉纏手足於是佐夜怪
問之答曰吾此服部弥蘇連娶因幡国造阿良佐加比賣
生子宇太奈比賣久波比賣尒時佐夜驚之此是執政大臣
之女即還送之所送之處即号見置山所溺之處即号
美加都岐原雲濃里土上大神之子玉足日子玉足比賣命
生子大石命此子稱於父心故曰有怒塩沼村此村出海水故
塩沼村

宍禾郡　所以名宍禾者伊和大神国作堅了以後堺此川谷
尾巡行之時大鹿出己舌遇於矢田村尒勅云矢彼舌在者故

尾迴行之時大鹿出己舌遇於矢田村尓勅云矢彼舌在者
故号宍禾郡村名号矢田村　比治里土中上　所以名比治者難
波長柄豐前天皇之世分揖保郡作宍禾郡之時山部比
治任為里長依此人名故曰比治里　宇波良村　葦原志
許乎命与国之時勅此地小狭如室戸故曰表戸比良美村
大神之褶落於此村故曰褶村今人云比良美村　川音村
天日槍命宿於此村勅川音甚高故曰川音村　庭音村
本名庭酒　大神御粮沾而生糆即令醸酒以献庭酒而宴
之故曰庭酒村今人云庭音村　奪谷　葦原志許乎命
与天日槍命二神相奪此谷故曰奪谷以其相奪之由形
如曲葛　稲舂岑　大神令舂於此岑故曰稲舂前　生味粟
其粳飛到之處即号粳前　高屋家里土下中　所以名曰

其櫛匣到之處即号櫛前　高家里土中上　所以名高
高家者天日槍命告云此村高勝於他村故曰高家　都太
川　衆人不能得稱　塩村　處々出鹹水故曰塩村牛馬等
嗜而飲之　柏野里土中上　所以名柏者生此野故曰柏野　伊
加奈川葦原志許乎命与天日槍命占国之時有嘶馬遇於
於此川故曰伊奈加川　土間村　神衣附土上故曰土間敷草村
敷草爲神座故曰敷草此村有山南方去十里許有澤二町
許此澤生菅作笠最好生榧杉生鐵住狼羆栗黄連葛等
飯戸阜　占国之神炊於此處故曰飯戸阜々形亦似槽箕
竈等　安師里本名須加里土中上大神飡於此處故曰須加後
所以号山守里然者山部三馬任爲里長故曰山守今改名
爲安師者安師因安師川爲名其川者因安師比賣神爲名伊和

爲安師者安因師川爲名其川者因安師比賣神
大神將娶誂之尓時此神固辭不聽於是大神大瞋以石寒
川源流下於三形之方故此川少水此村之山生柂杉黒葛等
住狼羆　石作里本名伊和土下ゝ　所以名石作者石作首等居
於村故庚午年爲石作里　阿和賀山　伊和大神之妹　阿和加比賣
命在於此山故曰阿和加山　伊加麻川　大神占國之時烏賊在
於此川故曰烏賊間川　雲箇里土下ゝ　大神之妻許乃波奈佐久
夜比賣命其形美麗故曰宇留加　波加村　占國之時天日槍
命先到此處伊和大神後到於是大神大恠之云非度先到之乎
故曰波加村到此處者不洗手足必雨　其山生柂杉檀黒葛山薑等住狼熊　御方里
土下上　所以号御形者葦原志許乎命与天日槍命到於黒土
志尓嵩各以黒葛三條著足投之尓時葦原志許乎命之

志尓嵩各以黒葛三條着足投之尓時葦原志許乎命之
黒葛一條落但馬氣多郡一條落夜夫郡一條落此村故曰三條天
日槍命之黒葛皆落於但馬國故占但馬伊都志地而在之
一云大神為形見植御杖於此村故曰御形　大内川　小内川
金内川　大者稱大内小者稱小内生鐵者稱金内其山生梔
林黒葛等住狼熊伊和村本名神酒大神釀酒此村故曰神
酒村又云於和村大神国作訖以後云於和等於我美岐

神前郡　右所以号神前者伊和大神之子建石敷命山使村
在於神前山乃因神在為名故曰神前郡堲岡里生野 大内川 湯川 粟鹿
波自加村土下〻所以号堲岡者昔大汝命与小比古尼命相争云
擔堲荷而遠行与不下屎而遠行此二事何能為乎大汝
命曰我不下屎欲行小比古尼命曰我持堲荷欲行如是相
争而行之逕數日大汝命云我不堪行即坐而下屎之

争而行之逕數日大汝命云我不能忍行即坐而下屎之尒
時小比古尼命咲曰然苦亦擲其堲於此岡故号堲岡又下
屎之時小竹彈上其屎行於衣故号波自賀村其堲与屎成
石于今不亡一家云品太天皇巡行之時造宮於此岡勅云此土為
堲耳故曰堲岡　所以号生野者昔此處在荒神半殺往来
之人由此号死野以後品太天皇勅云此為悪名改為生野
所以号粟鹿川内者彼自但馬阿相郡粟鹿山流来故曰粟
鹿川内　生楡　大川内因大川名　生檜杉又有異俗人卅許口　湯川昔湯出此川故曰
湯川　生檜杉里葛又在異俗人卅許　川邊里　勢賀川砥川山　土下々　此村居於川邊故号川
邊里　所以勢賀者品太天皇狩於此川内猪鹿多約出於此
處殺故曰勢賀　所以云砥川山者彼山出砥故曰砥川山至于星出狩
殺故山名星肆　高岡里　神前山奈具佐山　土中々　右云高岡者此里有高岡
故号高岡　神前山　与上同　奈具佐山　生檜不知名由　多駝里　邑日野八千軍 [illegible]　土中

故号高罡前神山 与上同 大手貝佐山 生檜不知其由 多駝里 邑日野八千軍野粳罡 土中下 所以号多駝者品太天皇巡行之時大御伴人佐伯部等始祖阿我乃古申欲請此土尒時天皇勅云直請哉故曰多駝 所以云邑日野者阿遅須伎高日古尼命神在於新次神社造神宮於此野之時意保和知苅廻為院故名邑日野 粳罡者伊和大神与天日桙命二神各發軍相戦尒時大神之軍集而舂稲之其粳聚為丘一云掘城處者品太天皇御俗参度来百済人等随有俗造城居之又其簸置粳云墓又云城牟礼山其孫等川邊里三家人夜代等 所以云八千軍者天日桙命軍在八千〻故曰八千軍野 蔭山里 蔭罡 冑罡 土中下 云蔭山者品太天皇御蔭堕於此山故曰蔭山又号蔭罡尒除道刃鈍仍云磨布理許故云磨布理村 云

号蔭罡尓除道刃鈍仍云磨布理許　故云磨布理村
冑罡者伊与都比古神与宇知賀久牟豊富命相闘之時
冑堕此罡故曰冑罡　的部里 石坐神山 高野社 土中々　右的部等
居於此村故曰的部里　石坐山者此山戴石又在豊穂命
神故曰石坐神山　高野社者此野高於他野又在玉依
比売命故曰高野社 生槻社
託賀郡　右所以名託加者
昔在大人常勾行也自南海到北海自東巡行之時到来此
土云他土卑者常勾伏而行之此土高者申而行之高哉故
日託賀郡其蹋迹処数々成沼　賀眉里 大海山 荒田村 土下上　右田
居川上為名　所以号大海者昔明石郡大海里人到来居於
此山底故曰大海山生松　所以号荒田者此処在神名道主
日女命元父而生児為之醸盟酒作田七町七日七夜之間

日女命元父而生兒爲之釀盟酒作田七町七日七夜之間
稲成熟竟乃釀酒集諸神遣其子捧酒而令養之於是
其子向天目一命而奉之乃知其父後荒其田故号荒田村
黒田里 袁布山 支閇丘 里大羅野 土下上右以土黒爲名云袁布山者昔宗
形大神奥津嶋比賣命任伊和大神之子到来此山云我可
産〻月訖故曰袁布山云支閇丘者宗形大神云我可産之月
盡故曰支閇丘云大羅野者昔老夫与老女張羅於袁布山中
以捕禽鳥衆鳥多来負羅飛去落於件野故曰大羅野
都麻里 都多支 比也山 比也野 鈴堀山 伊夜丘 阿富山 高瀬 比也野 鈴堀山 目前 和尓布 多岐 阿多加野 土下上 所以号
都麻者播磨刀賣与丹波刀賣堺国之時播磨刀賣到於此
村汲井水而飡之云此水有味故曰都麻 云都太岐者昔
讃伎日子神誂冰上刀賣尓時冰上刀賣荅曰否日子神猶誂
而誂之於是冰上刀賣怒云何強吾乎即雇建石命以兵用闘

而誹之於是冰上刀賣怒云何故吾即雇建石命以兵相鬪
於是讃伎日子負而還去云我其怯哉故曰都岐云比也山者
品太天皇狩於此山一鹿立於前鳴聲比々天皇聞之即止翼
人故山者号比也山野者号比也野鈴堀山者品太天皇巡
行之時鈴落於此山雖求不得乃堀土而求之故曰鈴堀山
伊夜丘者品太天皇獦犬名麻奈志漏与猪走上此丘天皇見之云
射乎故曰伊夜丘此犬与猪相鬪死即作墓葬故此丘西有
犬墓阿冨山者以朸荷宍故号阿冨云高瀬村者因高川瀬
為名目前田者天皇獦犬為猪所打害目故曰目割阿多
加野者品太天皇狩於此野一猪負矢為阿多岐故曰阿
多賀野
法太里甕坂花土下上所以号法太者讃伎日子与建石

多賀野

法太里 甕坂花 波山 土下上 所以号法太者讃伎日子与遠治石
命相闘之時讃伎日子負而逃去以手匍去故匍田甕坂
者讃伎日子逃去之時建石命逐此坂云自今以後更不得
入此界即御冠置此坂一家云昔丹波与播磨堺国之時
大甕堀埋於此上以為国境故曰甕坂花波山者近江国花
波之神在於此山故因為名

賀毛郡 所以号賀毛者品太天皇之世於鴨村雙鴨作
栖生卵故曰賀毛郡 上鴨里 土中上 下鴨里 土中中 右二里
号鴨里者已詳於上但後分為二里故曰上鴨下鴨 所以品
太天皇巡行之時此鴨発飛於居𣜌布井樹此時天皇
問云何鳥哉阿従当麻品遅部君前玉答曰住於川鴨勅

問云何鳥哉侍從當麻品遲部君前玉答曰住於川鴨勅
令射時蒙一矢中二鳥即負矢從山岑飛越之處号鴨坂
落斃之處者仍号鴨谷煮羹之處者煮坂下鴨里有碓
居谷箕谷酒屋谷此大汝命造碓稻舂之處者号碓居谷
箕置之處者号箕谷造酒屋之處者号酒屋谷　條布
里 土中々 所以号條布者此村在井一女汲水即被吸沒故曰
号條布　鹿咋山　右所以号鹿咋者品太天皇狩行之時白檀
咋己舌遇於此山故曰鹿咋山　品遲部村　右号然者品
太　天皇之世品遲部等遠祖前玉所賜此地故号品遲部
村　三重里 土中々 所以云三重者昔在一女拔筍以布裹食
重居不能起立故曰三重　楢原里 土中々 所以号楢原者柞生此
村故曰柞原伎須美野　右号伎須美野者品太天皇之世大

村故曰柞原伎須美野　右号伎須美野者品太天皇之世大
伴連等請此處之時喚国造黒田別而問地状尓時對曰縫
衣如藏櫃底故曰伎須美野　飯盛嵩右号然者大汝命
之御飯盛於此嵩故曰飯盛嵩　粳岡　右号粳岡者大汝命
令舂稲於下鴨村散粳飛到於此岡故曰粳岡有玉野村所以
者意奚袁奚二皇子等坐於美嚢郡志深里高宮遣山
部小楯誂国造許麻之女根日女命於是根日女已依命訖尓時
二皇子相辭不娶至日間根日女老長逝于時皇子等大哀
即遣小立勅云朝夕日不隠之地造墓藏其骨以玉餝墓故
縁此墓号玉丘其村号玉野　起勢里　土下臭江 中里川　右号起勢者臣
勢部等居於此村仍爲里名臭江右号臭江者品太天皇之世
播磨国之田村君在百八十村君而己村別相闘之時天皇勅

播磨国之田村君在百八十村君而己村別相闘之時天皇勅
追聚於此村悉皆斬死故曰臭江其血黒流故号黒川　山田里
土中下　猪飼野　右号山田者人居山際遂由為里名　猪養
野　右号猪飼者難波高津宮御宇天皇之世日向肥人朝戸
君天照大神坐舟於猪持参来進之可飼所求申仰仍所賜此
處而放飼猪故曰猪飼野　端鹿里土下上今在其神　右号端
鹿者昔神於諸村班菓子至此村不足故仍云間有哉故号端
鹿此村至于今山木無菓子生真木檜杉　穂積里本名塩野小目野土下上
所以塩野者鹹水出於此村故曰塩野今号穂積者穂積
臣等族居於此村故号穂積　小目野　右号小目野者品太
天皇巡行之時宿於此野仍望覧四方勅云彼観者海哉河
哉従臣對曰此霧也尓時宣云大體雖見無小目哉故曰号
小目野於是従臣開井故云左々御井又因此野詠歌宇都

小目野於是從臣開井故云佐々御井又因此野詠歌宇都
久志伎行未乃佐々波乃阿良礼布理志毛布留等毛奈加礼
曽祢森末乃佐々波　雲潤里土中々　右号雲潤者丹津日子神
法太々之川底欲越雲潤之方云尓々時在於彼村太水神辭云
吾以宍血佃故不欲河水尓時丹津日子云此神倦堀河事云
尓而已故号雲弥今人号雲潤　河内里土中下　右由川為名此
里之田不敷草下苗所以然者住吉大神上坐之時食於此
村尓從神等人苅置草解散為坐尓時草主大患訴於大
神判云汝田苗者必雖不敷草如敷草生故其村田于今不
敷草作苗代　川合里土中上　腹辟沼　右号川合者端鹿川底
与鴨川會村故号川合里　腹辟沼　右号腹辟者花浪神之
妻淡海神為追已夫到於此處遂怨瞋妾以刀辟腹没於

妻淡海神爲追已夫到於此處遂怨瞋妻以刀辟腹沒於
此沼故号腹辟沼其(沼)鮒等今无五藏
美嚢郡 所以号美嚢者昔大兄伊射報和氣命堺国
之時到志深里許曾社勅云此土水流甚美哉故号美嚢
郡 志深里 土中々 所以号志深者伊射報和氣命御食於
此井之時信深貝遊上於御飯筥緣尓時勅云此貝者於
阿波国和那散我所食之貝哉故号志深里 於奚袁奚
天皇等所以坐於此土者汝父市邊天皇命所殺於近江国
摧綿野之時率日下部連意美而逃来隱於惟村石室然後
意美自知重罪乘馬等切斷其勒逐放之亦持物桉等
盡燒廢之即經死之尓二人子等隱於彼此迷於東西仍
志深村首伊等尾之家所役也因伊等尾新室之宴而二

志深村首伊等尾之家所役也因伊等尾新室之宴
子等令燭仍令挙詠辞尒兄弟各相譲乃弟立詠其辞
日多良知志吉備鐵使鍫特如田打手栢子等吾将為儛又
詠其辞日淡海者水渟国倭者青垣々山投坐市辺之
天皇御足末奴僕良麻者即諸人等皆畏走出尒針間
国之山門領所遣山部連少楯相聞相見語云為此子母
母手白髪命晝者不食夜者不寝有生有死泣恋子等仍
参上啓如右件即歓哀泣還遣少楯参上仍相見相語恋自此
以後更還下造宮於此土而坐之故有高野宮少野宮川村宮
池野宮又造倉之処即号御宅村造倉之処号御倉尾高
野里祝田社神玉帯志比古大稲女玉帯志比売豊稲女
志深里坐於三坂神八戸挂須御諸命大物主葦原志許

志深里坐於三坂神八戸挂須御諸命大物主葦原志許
国堅以後自天下於三坂岑吉川里所以号吉川者吉川大刀
自神在於此故云吉川里　枚野里因體爲名高野里因
體爲名

粗見合

『古事記 道果本』解題

野尻　忠

一 『古事記』の成立と伝来

『古事記』は、わが国の建国の由来と、推古天皇（五五四～六二八）までの歴代天皇のことを記した書物である。まとまった分量を持つ文献としては、日本に現存する最古のもの。上巻、中巻、下巻の三巻からなり、上巻には天地開闢から神話の時代を経て神倭伊波礼毘古（後の神武天皇）が誕生するまでを収め、中巻は神武天皇の即位から倭建命の東西征伐伝承などを経て応神天皇までを記し、下巻は仁徳天皇から、武烈天皇崩後の皇統断絶にともなう応神五世孫継体天皇の即位を経て、第三十三代の推古天皇で終わる。上巻の前に付されている序によれば、撰録を担当したのは太安万侶という官人で、完成したのは和銅五年（七一二）正月二十八日であったという。

この序は、「臣言」と書き始め、太安万侶自身が撰録の経緯を申し述べる形式を採る正格漢文体の文章で、本編の倭風の漢文とは一線を画しており、『古事記』を完成させ撰上した際に本編に添えられた上表文に当たるものが、後に本編と一体に書写され序と位置づけられるようになったのではないかと思われる。序には『古事記』の編纂が企画されてから完成に至るまでの経過についても詳しく述べられているが、それによると、天武天皇（六三一？～六八六）は、諸家にある「帝紀」と「本辞」が正しい事実を伝えていないことに危機感を抱き、諸家の「帝紀」から正しい文章を撰び録し、「旧辞」の内容に検討を加えて正そうと考えた。そして、それを確実に後世へ伝えるため、天皇は、当時二十八歳で、頭が良く文字の読みに長けていた稗田阿礼に命じ、「帝皇日継」と「先代旧辞」を誦み習わしめた。しかし、時は流れ（天武天皇は崩じ）、この事業は完成に至らなかった。やがて元明天皇（六六一～七二一）の時代となり、和銅四年（七一一）に「旧辞」「先紀」の記定を太安万侶に命じる。天武天皇時代からこの仕事に従事し、それなりの年齢になっていた稗田阿礼が「勅語旧辞」を読むのを参考にしながら、太安万侶はとりまとめの作業を進めた。これが『古事記』として完成したのは、翌和銅五年正月であった。

右の文中、「帝紀」「帝皇日継」「先紀」と表記されるものは、『日本書紀』に「帝紀」として名のみえる歴代天皇の名、宮、皇后、子女、御陵のほか事績等を記した同一の書物と捉えるのが、江戸時代に『古事記伝』を著した本居宣長（一七三〇～一八〇一）以来の通説的理解である。また、「本辞」「先代旧辞」「旧辞」「勅語旧辞」と様々に表記されるのは、一般に「旧辞」と呼ばれる同一の書物であり、『日本書紀』に「上古諸事」として登場する、様々な古い物語を集めたものとの理解が通常なされている。すなわち『古事記』は、これに先行して存在した「帝紀」「旧辞」に基づき編纂されたものであった。

前代における白村江の敗戦を経験し、壬申の乱を経て即位した天武天皇は、その治世中、国内政治の安定、諸制度の整備、国力の充実に努めた。政治の安定に向けては、天皇の権威の絶対化と、諸豪族の官僚組織への組み込み等が必要であり、そのため豪族の経済基盤となっていた部民制を廃止し（六七五年）、いわゆる「八色の姓」を制定して（六八四年）、諸豪族の序列化を進めた。制度整備の面では、先述の官僚組織と絡む制度改革のほか、律令の編纂を開始した（六八一年）。国力充実の面では、地方諸国の領域を確定し（六八三～五年頃）、中央と地方を結ぶ官道を整備したことや、後に藤原京として完成する本格的な都城の建設を始めたことなどが挙げられる。こうした天武天皇の諸施策の中に「帝紀」「旧辞（上古諸事）」の記定という事業もあった。これは、国家としての体裁を作り上げるための重要な施策の一つであり、歴史書の存在は、国内諸豪族に対しては、皇位が万世一系の正統なものであることを示し、対外的には国家としての充実度をアピールするものとなり得た。しかし、天武天皇十年（六八一）に始まった「帝紀」「旧辞（上古諸事）」の記定は、天武天皇の在世中には完成せず、続く持統天皇、文武天皇の時代にも、律令の編纂や宮城の造営といった大事業の陰に隠れ、歴史書に関して目立った動きはなかった。

『古事記』撰録のことが太安万侶に命じられたのは、序によれば平城京遷都の翌年、和銅四年（七一一）であった。しかし、この事実は、国家の正史である『続日本紀』には記されておらず、翌年正月の『古事記』完成および上表のことも、同書は黙して語らない。一方で、『続日本紀』和銅七年（七一四）二月戊戌条には、紀清人と三宅藤麻呂の二人に対して歴史書の編纂が命じられているが、これはすでに舎人親王を中心に進行中であった『日本書紀』編纂に関わるものと推定され、同書は養老四年（七二〇）五月に完成する。『続日本紀』同月壬戌条によれば、それは「紀」三十巻と「系図」一巻からなるものであった。

このように、天武天皇が目指した歴史書の編纂は、中断を挟んだりしている間に少しずつ方針を変え、最終的に二つの書物を誕生させたようである。一つは、全三巻とコンパクトで、ほとんど「帝紀」「旧辞」に拠る『古事記』であり、これは漢字と万葉仮名で表記され、基本的に日本語の語順に拠っている。一方の『日本書紀』は、王家の記録だけでなく、臣下の祖先伝承や諸外国との交渉関係の記事までも盛り込み、その結果、全三十巻と大部な書物となっている。正格漢文で書かれた本文は、対外向けの側面を強く持っている。

その後、わが国では、『日本書紀』のタイプの書物に正史としての役割が与えられ、以後、『続日本紀』『日本後紀』『続日本後紀』『日本文徳天皇実録』『日本三代実録』という、いわゆる六国史の編纂へと繋がっていく。『日本書紀』は平安時代にも講書がおこなわれて公的に読み続けられたため、古い写本も数多く現存する。

一方の『古事記』は、後述するように南北朝時代の真福寺本が最古の写本であり、そこに記された本奥書から遡れる伝来過程も鎌倉時代後半までである。それ以前に、『古事記』がどのように読み継がれてきたのかは不明な点が多い。ただ、九世紀には、祭祀を職掌とする斎部氏と物部氏が、それぞれの祖先伝承を記述した『古語拾遺』、『先代旧事本紀』を編纂しており、これらは基本的に『日本書紀』に依拠しながらも、『古事記』を参照している部分がある。また、同じく九世紀、天長七年（八三〇）の跋語を持つ『新撰亀相記』は、祭祀氏族である卜部氏の亀卜書であるが、先掲二書とは異なり全面的に『古事記』に依拠した記述がなされている。このほか、『政事要略』や「本朝月令」といった平安時代に成立した文献にも、氏族に関する記事中に『古事記』を引用する部分があるなど、『古事記』は、氏族の祖先に関わる記述の中で、参照され、引用される場面の多かったことが指摘されている。

二　『古事記』の諸写本

『古事記』の現存最古本は、右に触れたとおり真福寺本である。これは、真福寺（宝生院）が所蔵する三巻揃いの写本（国宝）。書写年代は、上巻と中巻が応安四年（一三七一）、下巻が翌応安五年である。書写者は僧賢瑜であるが、この時期、真福寺の僧信瑜が盛んに典籍の書写活動をおこなっており、『古事記』も信瑜の命を受けて、門下の賢瑜が書写したとみられる。信瑜は、伊勢出身の真言僧能信が開いた真福寺の第二世。

これに次いで古い三巻揃いの写本は、ずっと年代が降って、室町時代後期の書写で大永二年（一五二二）写とも推測されている卜部兼永筆本になる。

そして『古事記』の諸写本は、右の真福寺本の系統と、卜部本の系統との二つに大きく分類することができる。卜部系に関しては、すべての写本が兼永筆本を祖本としており、室町時代末以降の写本が数多く現存する。一方の真福寺本系は、さらに真福寺本と、それ以外の伊勢系とよばれる一群に分けることができ、本稿で取り上げる道果本はこの伊勢系に属する。

伊勢系の諸本は、①道果本（天理大学附属天理図書館所蔵。重要文化財）、②道祥本（静嘉堂文庫所蔵）、③春瑜本（神宮文庫所蔵。重要文化財）の三種で、いずれも『古事記』三巻のうち上巻のみを伝える。①は卜部吉田家に伝来した袋綴装の冊子本一冊で、上巻のうち前半部分だけを収める。永徳元年（一三八一）の書写奥書があり、表紙の外題下方に「道果之」の墨書があることから、道果本と呼ばれる。②も袋綴装の一冊本であるが、上巻の全編を収める。ただし破損が多く、書写年代を記した奥書部分も判読が困難な状態である。しかし、これの忠実な転写本である③春瑜本により、奥書部分の復原が可能であり、②は応永三十一年（一四二四）六月に道祥なる人物が、興光寺にあった恵観書写本から転写したものと判明する。③春瑜本は、右の②道祥本を親として、応永三十三年（一四二六）八月に福厳坊において僧春瑜が書写したものである。そして①は、本文だけでなく注記等も含めて②③のテキストとよく一致するので、これらと祖本を共通にするものと考えられる。

以上のように、ここで取り上げる道果本古事記は、最古の真福寺本から十年ほどしか降らない書写年代を持つ、『古事記』としては二番目に古い写本であり、伊勢系諸本では最も古い。上巻の半分程度の本文しか残さない点は惜しまれるが、本文テキストを確定するうえで、欠くべからざる重要な写本である。

三　道果本『古事記』の書誌

請求記号二一〇・一―イ一五九。袋綴装の冊子本一冊で、四十四丁（後表紙を含む）の料紙を二つ折りにして重ねたうえ、右辺近くの上・下二箇所で紙縒（コヨリ）綴じとする。料紙の原料は主に楮と思われるが、不純物の漉き込みが各所に見られる。表紙は、本紙と同紙質の原表紙で、第一丁の綴じ目付近に糊付けすることにより装着されている。冊子を閉じた状態での大きさは、折り目側の辺で縦二四・七㎝、綴じ目側の辺で縦二五・三㎝。横は一六・三㎝で、厚さは約一・五㎝である。表紙も含め、もとの料紙を半折する際、きっちり隅と隅を合わせず斜めに折られ、そのまま綴じられてしまったため、折り目側の縦（料紙の本来の高さ）よりも、綴じ目側が六㎜ほど大きくなっている。各丁のオモテ面の料紙は天方向にはみ出し、ウラ面の料紙は地方向にはみ出す。一見すると雑な折り方であるが、表紙を含む四十五枚の料紙がほぼ同様の曲がり方をしているので、理由は不詳だが、敢えてそのように折ったものと考えられる。なお、装丁当初、はみ出しは天辺と地辺だけでなく、綴じ目側辺にも生じていたはずであるが、ある時期に化粧裁ちされている。ただし、表紙と後表紙のみは、綴じ目側に料紙のはみ出しが確認される。紙縒による綴じ目は、上が天辺から四・八㎝と五・八㎝の位置で、下が天辺から一七・三㎝と一八・五㎝の位置にある。

表紙には、左上方に「古事記上巻[并序/本]」の墨書があり、左下方に「道果之」の墨書がある。墨書のうち「并」と「本」には重ね書きの痕跡があるが、最初に書かれたのが同字か別字かは判別できない。見返しには墨文字なし。本紙は「古事記上巻　序并」の首題から書き出し、第一丁オモテには五行を収める。同ウラには六行を収め、第二丁以降、半丁あたり五行と六行のものが混在する。一行あたりの字数は十四～十六字。首題左傍には長方単郭陽刻印「宝玲文庫」が朱で捺される。

第七丁オモテまでが序で、同ウラからが上巻となる。序の部分には、本文のほかに、墨による送仮名、振仮名、返点、それに朱による句切点、返点、連続符があり、さらに裏書の引用、その他の注記がある。裏書は、第一丁では「裏書」と書き始めて文章を引用するが、第二丁以降では「裏書」を省略して本文のみを記す。また、第一丁オモテでは「裏書」（「裏書云」とも記す）の文字を含めて全文が墨書だが、同ウラでは「裏書」の文字のみを朱書する。さらに第一丁オモテのみ、本文中に挿入符を入れ、そこから裏書の引用文までを墨線または朱線で結んで、その裏書が説明する本文の該当位置を示す。

第七丁ウラから始まる上巻部分では、墨書本文のほかに墨による送仮名、振仮名、返点、その他注記、朱による句切点、返点、連続符が入るのは序と変わりないが、加えて墨による連続符と声点、朱による声点、ヲコト点、合点が入るようになる。ただし、朱の訓点は第九丁ウラの句切点を最後に見えなくなり、以降は基本的に墨による送仮名、振仮名、返点、連続符、声点、その他注記のみとなる。これ以降で本文に朱筆が入るのは、第三十四丁ウラと第四十二丁オモテに各一箇所、それに第四十三丁オモテの校合奥書だけである。

序では、本文の行間に裏書と称される文章が書き込まれていたが、同種のものが第七丁ウラからの上巻では、別に用意した紙片に書き記され、本文料紙の折り目を裂いて開いた紙背に貼付されるのを原則とする。裏書（紙背貼付）は、現状では第十六丁オモテ、第十七丁オモテ・ウラ、第三十一丁ウラ、第三十四丁オモテ・ウラ、第三十七ウラ、第三十八丁オモテ・ウラ、第三十九丁オモテの十箇所に確認され、縦の長さを本紙と同じかやや短めとし（二三・七～二四・七㎝）、横は記すべき文章量に応じて長短が調えられている（一・二～一四・四㎝）。裏書（紙背貼付）の多くは、その上辺から高さ一㎝ほどの間に施された横一条の糊によって、本紙紙背に貼り付けられているが、第十六丁オモテ紙背のように右上隅の一点のみで糊付けされているもの、第三十四丁オモテ紙背のように下辺の一部も糊付けされているもの、同ウラ紙背のように右辺全体にも糊が挿されたものなどがあり、一様ではない。また、本書には、本文料紙の折り目を裂いて開いた箇所が、右掲のほかに第十、二十二、二十三、三十五丁の四箇所あり、これらの紙背には現在は何も貼り付けられていないが、かつては裏書（紙背貼付）があった可能性が高い。

ところで、この所謂「裏書」は、基本的に『古事記裏書』（応永三十一年、道祥写。神宮文庫所蔵。重要文化財）に収載の文章と一致している。これは道祥本（前節の②の書写者である道祥が、その親本である恵観本（現存せず。巻子装か）にあった裏書を、本文とは別冊に筆写したものである。道果本に残されているのは『古事記裏書』全体のうちの三割程度の文章にとどまるが、同書の誤字・誤脱を道果本の裏書によって校合できる場合や、同書に収載されない文章が逆に道果本の裏書には記されている場合などがある。何よりも、本文と裏書が別仕立てにされる以前の形態の一端を伝えている点は貴重で、しかも恵観本の裏書は紙背への直書きだけでなく、一部が「押紙」すなわち裏書を別紙に記して貼付する形であったことがわかっており、今は無き恵観本の往時の姿を彷彿させるものがある（ただし、道果のほうが恵観よりも年長と推定されるので、道果が恵観本から転写したとは考えにくい。両者が共通の写本を祖に持つ、と言えるに留まる）。なお、本書の第四十丁ウラから第四十一丁オモテにかけて本文の行間に書き込まれた長文の注記は、『古事記裏書』との対照により（紙背貼付の形ではないが）裏書の一部であることがわかる。

さて、第七丁ウラから始まった上巻本文は、第四十二丁ウラで終わる。出雲へ降った須佐之男命が八俣遠呂智を退け、櫛名田比売を娶り、新たな宮の地に立ち上る雲を見て詠んだ「八雲立つ…」の著名な歌を記した部分であり、『古事記』上巻の本文全体のうち、前半の約半分が本書に収められていることになる。

第四十三丁オモテには次のような奥書が記される。

①私云余以大巻成私調巻、為二巻云々、本者為一巻云々
②永徳元年五月廿六日書之了　（花押）
③『交合了』（朱筆）

①によれば、もとの巻子が太い（長い）ものであったため、私にこれを二巻に調えたといい、現状で本書が『古事記』上巻の前半の本文しか収めない点と合致する。また、これにより、本書の表紙外題「古事記上巻」の左下に小字で「本」とあったのは、上巻を「本」と「末」の二巻に分けたうちの「本」であることを示すものであったと理解できる。②からは永徳元年（一三八一）の書写年代を知ることができるが、「道□」の漢字二字からなる草名体の花押の二文字目が読めないため、この奥書から書写者を特定することは難しい。③は朱筆による校合奥書で、その朱の色合いからも、本文中に見られる朱の書き込み（訓点、合点等）を入れた際のものであろう。その年代は確定しがたいが、本文書写からそれほど降らない時期と思われる。

第四十三丁ウラには、中央やや右よりに唯一行、それまでの本文や奥書に比べて大きな字で「南無阿弥陀仏」と墨書されている。その左下方には、長方単郭陽刻印「月明荘」が朱で捺されるが、その朱印の上端がかかる位置の本紙は一部が切り取られ、その欠損部を埋めるため新たに貼られた補紙に朱印が乗っている。

後表紙は、後見返しの面も含めて墨書はない。後見返しの右下方には長方子持郭陽刻印「岡田真之蔵書」が朱で捺されている。また先述したとおり、後表紙は本紙と一体で紙縒綴じされている。後表紙の表面は、製作から長い年月を経て、かなり汚れが目立っている。

さて、本書の表紙を含めた四十五丁に及ぶ料紙には、当初の墨書および当初に近い時期の朱筆のほかに、後世に付加された情報がある。その一つがインクの染みと考えられるピンク色の点であり、表紙の外題左方と見返し中央付近、それに第十七丁オモテの左下方に数箇所見られる。ちなみに見返しには左上方にも朱色の点があるが、これは第一丁オモテの冒頭の朱点が映り込んだものであり、後世の付加情報ではない。

また、本書の料紙を通覧すると、各所に料紙の純粋な繊維とは異質な、ゴミの付着のようなものが見られるが、これらの多くは料紙本体に漉き込まれた紙の原料の一部であり、後から表面に付着したものは数少ない。その数少ない付着物の一例を挙げれば、第一丁オモテの三行目の中程、「乾」字と「坤」字の間にある茶色のものは、紙の繊維と絡み合っていないため漉き込みではないと判断され、一時この部分に貼付された付箋が、後に脱落してその一部が残ったものと見られる。同じく第一丁オモテの四行目の最下方、「以」字の右にある茶色の付着物も、付箋の残痕ではないかと思われる。それに対し、同じ第一丁オモテで言えば、一行目上方の「古」字の左下にある茶色の小片は漉き込みである。また一方で、第一丁オモテには、五行目下方の「神」字と「祇」字の間に茶色のものの存在が認められるが、これは何かの液体が染み込むことによって色が付いたものであり、この箇所に固形物の付着は認められない。

料紙本体への漉き込みであれば本文墨書より前段階の情報であるが、付着物や染みであれば、本文が書かれた後に付加された可能性の高い情報であり、本書がどのように利用されて来たかを探る手掛かりとなり得る。本書では紙の地

色とは異質な小片が認められる部分は、ほとんどが漉き込みであるが、先述の通り、ごく一部に後世の付着と思われる紙片も混在するため、注意をしながら見ていく必要がある。ちなみに第三丁オモテの四行目最下方、「士烟」の文字に重なるように見える黒色の筋は、墨が乾ききらないうちに触ったことにより生じた墨汚れと見られる。

四　道果について

ここで、表紙左下方に本書の所持者として名の見える道果について簡単に触れておく。この人物については、すでに参考文献に掲げた西田長男氏等の研究に尽くされているので、要点のみを記す。なお、道果は本書の所持者であるが、西田氏や宮地直一氏の研究では、彼が同時に本書の書写者でもあるとされており、本稿もこれに従いたい。

道果の生誕年は不詳で、前半生の足取りもわかっていない。ある程度の年齢に達した頃（西田氏は三十〜四十歳と推定）、さる天台僧に就き、法華の教義を究めたという。その後、天台から真言に転じ、貞和五年（一三四九）に澄遍を師として伝法灌頂を受け、伝授の秘記を書写した。この秘記は広沢流仁和寺方の口伝を集めた書物であり、道果が真言宗の広沢流を相伝していたことが知られる。一方で、道果は醍醐寺三宝院流にかかわる口決を貞治六年（一三六七）に書写しているほか、尾張真福寺の僧政祝が記した弘法大師秘影の相承血脈に、聖宝や仁海といった醍醐寺僧の末流として名が挙げられており、真言宗小野流の一派である三宝院流をも相伝していたことが推察される。そのことは、先述した天台の秘記に道果と並んで名を残す法隆寺僧の印実が、広沢流と小野三宝院流の伝法を受けた後、さらに道果上人との知遇を得て両流の深秘を尽くしたことが、印実の伝記に記されていることからも了解される。

天台から真言に転じ、真言の奥義を究めた道果は、さらに西大寺中興叡尊上人の遺徳を慕って律宗に入った。西大寺律宗は伊勢神道との関係も深く、道果が伊勢系の『古事記』を書写する機会を得たのは、あるいはこの頃であろうか。永徳元年（一三八一）に『古事記』を書写してから六年後の至徳四年（一三八七）二月、多数の書写聖教を残して僧道果は入滅する。葬礼にあたって諷誦文を読み上げたのは弟子の道周であった。

五　書写原本の姿

本書第二十六丁のオモテからウラにかけ、本文中の五柱の神名について墨書で「筑紫斯香神」「出雲杵築速素戔嗚尊」などの頭注が付されているが、そこには「以朱書之」「朱」といった注記が添えられている。この注記は、これらの頭注が別の写本では朱字で書かれていたことを示しているが、実際、該当の部分を同じ伊勢系の春瑜本（第二節の③）で見ると、同一文言が朱字で書かれている。一方、第三十三丁オモテの神名に関する頭注にも同様に「朱」の注記が添えられているが、春瑜本にはこれに該当する頭注自体が存在しない。また、春瑜本では、頭注だけでなく行間に書かれた傍注の大半が朱字であるが、本書では傍注はすべて墨書され、そのほとんどが春瑜本の朱傍注と共通する内容であるにもかかわらず、「以朱書之」「朱」といった注記は全く添えられていない。

以上のことを整合的に理解するにはいくつかの可能性があるが、ここでは三つほどを示しておきたい。①本書の親本は春瑜本のように傍注・頭注が朱書されていたが、書写時にこれをすべて墨で書いた。ただし頭注だけは、何かの必要があって「朱」といった注記を添えることになった。この場合、なぜ頭注だけに添え書きが必要になったのか、その理由を解明しなければならない。②本書の親本では神名の頭注だけが朱字で、他の行間の傍注等は墨書であり、筆写時にはすべて墨書したが、元の朱字部分にだけ注記を添えた。この場合、約四十年後の書写である道祥本や春瑜本に至る間に、行間の傍注等も朱で書く写本が登場し、かつ一部の頭注は失われていたことになる。③本書の親本では頭注も行間の傍注もすべて墨書で、書写時にはそれを忠実に筆写したが、後に本書を他の現存しない伊勢系写本と対校した際、その写本で朱字だった部分に「以朱書之」「朱」といった注記が添えられた。この場合、「朱」等の注記が神名の頭注とは別筆でなければならないが、墨色の濃度等からはむしろ同時のものと見た方が良いように思われ、難しい。しかし、「朱」等の注記は初めから書き込みを予定していたものではなく、余白に後から付け加えたように見える点は、この案を支持するものである。

以上、いくつかの可能性に言及したが、現状ではいずれも決め手に欠け、正答を得ることができない。それ以外の可能性も含めて引き続き研究を進め、本書の書写のもととなった原本、ひいては伊勢系の祖本の形を追究していかなければならない。

ここでは一例だけを示したが、こうした写本研究を積み上げることによって、鎌倉時代以前の古写本が現存しない『古事記』の、成立当初の姿に迫っていくことができるに違いない。

六　結び

すでに述べたように本書はかつて神道の吉田家に伝来したが、戦後に巷間に出て、複数の蔵書印が示すとおり数回にわたって所属を変え、現在は天理図書館に収まっている。これまでにも影印本が刊行されたことはあったが、全丁にわたるカラー図版は今回が初めてとなる。古典資料の研究上、写本（原本）の持つ価値が計り知れないことは言うまでもなく、少しでも原本に近い姿で広く研究者に公開されることの意義は大きい。これが多くの方々の目に触れ、研究がさらに深化していくことを願ってやまない。

【主要参考文献】

青木和夫・石母田正・小林芳規・佐伯有清校注『古事記』（日本思想大系一、岩波書店、一九八二年）

青木和夫『白鳳・天平の時代』（吉川弘文館、二〇〇三年）

青木周平編『古事記受容史』（笠間書院、二〇〇三年）

青木紀元「伊勢系古事記の注記」（『古事記年報』一〇、一九六五年）

小野田光雄「伊勢本系古事記の特異性」（『国語と国文学』四〇ノ一一、一九六三年）

同編『諸本集成古事記』上（勉誠社、一九八一年）

尾畑喜一郎編『古事記事典』（桜楓社、一九八八年）

鎌田純一「古事記　上巻　応永三十三年　春瑜写」（神宮古典籍影印叢刊編集委員会編『古事記　日本書紀』上、神宮古典籍影印叢刊一、皇學館大學、一九八二年）

小島憲之「国宝　真福寺本『古事記』解説」（『国宝　真福寺本　古事記』、桜楓社、一九七八年）

近藤喜博「沙門道果についての資料」（『古事記年報』五、一九五八年）

田中卓「古事記裏書　応永三十一年　道祥写」（神宮古典籍影印叢刊編集委員会編『古事記　日本書紀』上、神宮古典籍影印叢刊一、皇學館大學、一九八二年）

奈良国立博物館編『古事記の歩んできた道―古事記撰録一三〇〇年―』（奈良国立博物館、二〇一二年）

西田長男「伊勢本古事記の伝来に関する一、二の資料―道果本古事記解説補遺―」（同著『神道史の研究　第二』、理想社、一九五七年。初出は一九五二年）

同「古事記田鈔本の書写人道果について」（『神道及び神道史』二四、一九七五年）

藤井信男「道果本古事記に関する考察」（『古事記年報』六、一九五九年）

宮地直一「道果本古事記解説」（貴重図書複製会編『道果本　古事記』、吉川弘文館、一九五一年。初版は一九四三年）

矢嶋泉『古事記の歴史意識』（吉川弘文館、二〇〇八年）

『古事記 道果本』訓読解説

木田章義

はじめに

本文では以下の諸本を用いている。

道果本…本書（26頁3行目を26-3と表示する）

道祥本…『古事記 上巻』（古典保存会、一九三六年）

春瑜本…『古事記・日本書紀』（神宮古典籍影印叢刊一、八木書店、一九八二年、「春」と略称することがある）

真福寺本…『国宝真福寺本 古事記』（桜楓社、一九七八年）

兼永本…『卜部兼永筆本 古事記』（勉誠社、一九八一年）

乾元本日本書紀…『日本書紀 乾元本』一・二（新天理図書館善本叢書二・三、八木書店、二〇一五年）

日本書紀私記…御巫本『日本書紀私記』（古典保存会、一九三三年）

釈日本紀…『釈日本紀』一〜三（尊経閣善本影印集成二七〜二九、八木書店、二〇〇三—二〇〇四年）

類聚名義抄…『類聚名義抄 観智院本』（天理図書館善本叢書三二〜三四、八木書店、一九七六年）

一 文字・符号

本書・道果本（一三八一年書写）には訓点は多くないが、和訓、送り仮名、返り点があるので、本文をどのように理解していたかは推定できる。仮名による書き込みは多いとは言えないが、六百足らずの例がある。本文の万葉仮名表記の語句や固有名詞の読み方を示したものと、「成リシ神ヲ」「而テ」のような送り仮名が多く、和訓は多くはない。

（a）「宇摩志阿斯訶備比古遅神（ウマシアシカヒヒコチノ）此神名以音」（19-2）

（b）「答白（テ）吾身者（カ）、成々（ナリナリテ）不㆓成‐合㆒處一‐處在（ヒトトコロアリ）。」（23-4）

仮名字体

仮名字体は、以下のようなもので、ほとんどが現行のものと同じである。

	・	k	s	t	n	h	m	y	l	w	
a	ア	カ	サ 七	タ	ナ	ハ	ニ	ヤ	ラ	ワ	ン
i	イ	キ \	シ	チ	ニ	ヒ	ミ		リ	ヰ	
u	ウ	ク	ス	ツ	ヌ	フ	ム	ユ	ル		、（踊字）
e	ヱ エ	ケ	セ	テ	ネ	ヘ	メ		レ		ㇾ（コト）
o	オ	コ	ソ	ト	ノ	ホ	モ	ヨ	ロ	ヲ	

「ニ（ま）」はこの時代では普通の字体であるが、やや古体に属する「\（キ）」「七（サ）」が少し使用されている。

「七（サ）」の仮名は一例だけで、「イサチル」（62-4）である（春41-1無訓）。「イサチ（ル）」という語は、先に「イサチキ」（58-5）、「伊佐知流（無訓）」（59-4）のように使われている。そしてその最後の例（62-4）に、はじめて仮名が付けられ、しかも、古体の「七」が用いられているのである。この一字だけを古体に変えて写す必要は無いので、もとの写本で使用されていた字体と見られる。

「\（き）」は、「秋（ア\）」（30-2）のように用いられているが、本書では通常は「キ」を用いる。「キ」八十四例に対して「\」は五例である。

30-2「ア\」（春20-6「キ」）

30-6「アツ\」（春20-8「キ」）

86-1、86-3、87-1「ソノト\」（春55-4「\」、55-6「キ」、56-2「\」）

恐らく、これらの訓も、何かの本を参照して付けられたもので、その本が「〵」を使っていたということであろう。これらの訓が付されたのはごく普通の漢字ばかりであるから、どういう本からの引用なのかは推定しにくい。本書で「〵」であるが、春瑜本で「キ」のものもあり、その逆の場合もあるので、もとの本はもう少し「〵」字体が多かったと思われる。

符号

施された符号は、墨点と朱点である。

墨点

○一二点・レ点・上下点

（a）「於二高天原一成リシ-神名ヲ二天アマノ之御-中-主ノ神一」（18-1）

（b）「次生隠伎之三ミ子コノ 嶋二」（28-5）

（c）「隠レ身一也」（19-4）

（d）「令三誦-二習帝皇日継及先代旧辞」（13-1）

（a）の例では一二点が揃っているが、（b）の例では「嶋」の下の「二」に対する「二」が無い。（c）ではレ点で返読が示されているが、更に「一」が付せられていて、重複しているように見える。（b）（c）のような「二」は、そこから返読するということを示す古い形式の返読符号であろう。（d）は「二、三」があって、「一」が無い。これは春瑜本でも同じなので、もとの写本のままなのだろうが、あまり丁寧な加点ではないようである。

○熟合符

熟合符は、普通の漢文訓読の場では、文字間の中央に付されると、その熟語を「音で読む」という意味であるので「音合符」と呼ばれ、左寄りに付されると「訓で読む」という意味を表すので「訓合符」と呼ぶ。本書では、序文では両者の区別がなされているが、本文では訓合符のみである。序文の「元-始」（6-2）、「儛-詠」（10-2）、「狭-鍾（夾鐘）」（10-3）、「勅-語」（12-5）、「誦-習」（13-1）は音合符である。特に「夾鐘」は通常は音読しかしないので（ただし、兼永本や寛永本は「キサラキ」の訓を付けている）、これらは音読符であることは間違いないだろう。左寄りの「訓合符」は「交-用」（15-4）にある。「用」に「ウ」の送り仮名があるので、「マジヘモチウ」と読むのであろう。この区別は朱書の熟合符で明瞭である（後述）。

本文の墨書では、「大山津-見」（35-1）だけが、中央に合符が付けられていて、音読符のように見える。しかし「津」も「見」も訓仮名であるので、音合符ではない。他に本文中に合符が中央に書かれたものも無いので、おそらく位置がずれたものであろう。

○声点

和語には高低の「アクセント」があり、中国語には高低変化の方向を伴う「声調」がある。中国語の声調を示すために、声点を漢字の四囲に付す方法が工夫された。その表示法を和語にも当てはめ、仮名に点を付して、和語のアクセントを表示するようになった。調値（現実の音声）は、漢字でも和語でも同じと言われている。

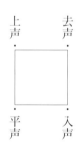

平声（低い音）（○）
上声（高い音）（●）
去声（低から高へ上がる音）（◒）
入声（-p、-t、-kで終わる音）

○圏点（◦）

本文の漢字に付されたもので、六十一例ある。これは和語のアクセントを示すものと見られる。例えば、「常立（●●）」（20-1）は、漢字の声調としては漢音「平声-入声」、呉音「去声-入声」で、漢字音では入声があるので、この声調表示は漢字の声調ではないことが分かる。つまり、和訓「トコ-タチ」のアクセント（●●-●●）を示しているのである。「豊秋（○○）」（30-2）のようなものも、漢字としては、漢音なら「平声-平声（○-○）」（呉音「去声-去声（◒-◒）」）である。『古事記』は原則として呉音を用いたようであるが、序文は正格漢文なので、漢音を使った可能性もある。和訓なら「トヨ-アキ（○○-○○）」であるから、この声調表示は漢音と和訓のどちらでも合致することになる。ここは「大倭豊秋津嶋（オホヤマトトヨアキツシマ）」という固有名詞の一部で、訓読すべき神名でもあるし、「常立」の例から推して、和訓のアクセントを表していると見るべきであろう。万葉仮名に付されたものはその万葉仮名の表す和語のアクセントを示している。たとえば、「多具理迩（○○○迩）」（37-1）は「タクリ」という和語のアクセントである。圏点は全て和語のアクセントと見て良い。

○星点（・）

わずか三例だけであるが、片仮名に星点が付されている。和語のアクセント表示である。その三例は、「ウツル（○○●）」（64-4）、「イフキ（○○○）」（64-4）、「マキ（●●）」（81-4）である。「ウツル」、「イフキ」は乾元本と一致するが、「マキ」は一致しない。春瑜本ではこの三語ともに声点がない。本書において別の資料から転記しただけかもしれないし、「ウツル」は、十一世紀末に編纂された『類聚名義抄』という辞書でも○○●であるから、書写当時のアクセントである可能性もある。

○濁点

「多紀理毗売」（69-1）の「紀」の去声の位置に双圏点が付されているが、「紀」にだけ声点が振られているのは濁点の意味であろうか。「紀」は清音仮名であり、通常「たきり（姫）」であるから、誤点かもしれない。その他では、歌謡の万葉仮名に付されている。八八頁の歌謡では、三つの「賀」と「碁」に双圏点が付けられている（春56-7では「賀」に双圏点、「碁」「賀」「賀」は単点、あるいは点無し）。

濁点は声点に付随して用いられるようになったのであるが、濁音表示に重点が置かれた使用法は十一世紀末から十二世紀にかけての頃に見られるようになるという(1)。本書は十四世紀書写であるから、濁点が用いられても不思議ではない。この「タキリ」の例では、濁双点の左側の圏点が文字に重なり、後から付け足されたようにも見える。八八頁の歌謡ではそういう後の加筆に見えるような現象はない。例えば二行目の「碁」に対する双点は右側の点だけなら文字に近すぎ、左側の点なら文字から離れすぎている。これは初めから双点を打つつもりで書かれたことが分かる。

○その他の符号

見せけち…「ミセケチ」のような符号が「此種々物者」（76-1）にある。この符号の意味ははっきりしないが、横に書かれている「亦名真経津之鏡也」に訂正しようとする意図なのかもしれない。しかし、この「真経津之鏡」は本来は前頁の「八尺鏡」（75-4）の横にあるべきもので、それは『日本書紀』の第七段に「八咫鏡一云真経津鏡」（『日本書紀 乾元本』一、99-1）とある所からも確かめられる。春瑜本と道祥本には、この符号も傍書もない（もちろん真福寺本にもない）ので、何か錯覚したのであろうか。

通常、見せけちは墨で黒々と塗りつぶしたり（見苦しくなる）、擦り消して紙を毛羽立たせたくない（紙が破れてしまうこともあり、訂正の文字が書けなくなることもある）時、あるいは元の字を残しておきたい時などに使われる。本書では「ニ」のような形であるが、よく使われるのは「ヒ」の形のものである。「、」を付けることもある。

挿入記号…「。」（6-1）が本行の脱落箇所に書かれ、その横に脱落した漢字「冥」が補われている。

訂正符号…「斯」（71-5）の左の縦線。臨時的なものと思われ、この一例だけである。

同じような符号としては、「注意符号」とでも呼ぶべきものがある。「自」（横に「白歟」）（44-5）、「如斯」（71-5）の横にあるが、こういうものは見れば意味が分かるだろう。

朱点

朱点は「熟合符、句読点、声点、ヲコト点、返点、科段符（21-5「〳〵」）」などであるが、朱点は二二頁二行目までで、あとは72-3に科段符、87-5に句点が一つあるだけである。朱点を付しながら読もうとして、途中で止めたようである。

○熟合符

墨書の熟合符とほぼ同じであるが、序文に関しては、音合符も用いられている。序文の「安万侶」「混元」「気象」（5-2）、「無名」「無為」「乾坤」（5-3）、

「陰陽」(5-4)が中央の合符で、音読したものと思われる。それに対して「既凝」(5-2)、「初分」(5-3)、「斯開」(5-4)が左よりの合符で、これらは訓読したのであろう。音合符と訓合符が区別されていると見られる。この方式は漢文訓読の場においてはよく用いられた方式であり、後の時代にも受け継がれている。

一八頁以降の本文では、朱の訓合符が補われているところもある。「天之」「主神」(18-1・2)、「常立」「二柱」(19-3)、「宇比地迩」(20-3)などである。

○句読点

「切点」と「句点」がある。切点は現在の読点、句点は現在の句点にあたる。墨書の切点・句点はつけられていない。

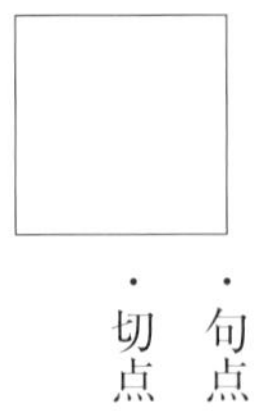

○ヲコト点

漢字の周囲に点を付けて、補読すべき助詞や助動詞を示す。以下の図のような体系である。博士家点(古紀伝点)と思われる。

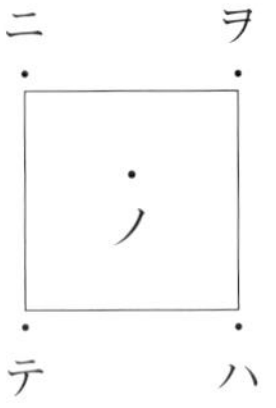

例えば、「此三柱神者並独神成坐而」(18-3)なら、「此」と「柱」の中央に「ノ」、「者」の右下に「ハ」、下の「神」の左上に「ニ」、左下に「テ」、「而」の左下に「テ」の点が付いている。この点の示す助詞を補いながら訓読すると「此ノ三柱ノ神ハ並(ともにひとりがみ)独神ニ・テ成(なり)坐(まし)テ」と読めることになる。「独神ト」ではなく、「ニ」と「テ」の点が付けられている。博士家点は俗点であり、僧侶である書写者はあまり慣れていなかったのかもしれない。

○声点

墨圏点の上から朱を書いたものがほとんどであるが、朱線点(-)が、「阿麻」(18-2)、「宇摩志阿斯訶備比古遅」(19-2)、朱星点(・)が、「登許」(19-3)に付けられている。

その他の朱書はごく僅かであるので、墨書に準じて解釈できることと思う。「杙」(20-4)、「意富斗能地」「大斗乃弁神」(20-5)では、墨圏点が先にあって、それをなぞるように朱点が施されている。いかにも朱書が後から付されたように見えるのであるが、実際は、もとの本の朱書を朱で写そうとしていたらしい。本書の書写者は、墨は墨で、朱は朱で写そうとしたが、途中(22-2)で面倒になって、全て墨書にしてしまったようである。それでも再度朱書に戻そうとして、18-2あるいは20-1あたりから墨書の部分に朱を塗りはじめたが、すぐに止めてしまったようだ。「道祥本」も「春瑜本」も複製では朱墨が明瞭でないため、断定はできないが、両本ともに句読点は朱点であるらしい。その句読点は本書の朱点の位置と、ほぼ一致しているので、本書でももとの本の朱書のとおりに写そうとしたものと思われる。冒頭の部分では先掲のヲコト点(18-3以降21-4まで)があるので、墨点では紛れてしまう。それ以降にはヲコト点は使われていないから、墨点でも問題はない。道祥本でもここにはヲコト点があるので(墨付4丁裏3行)、本書のもとの本でも朱点であったのであろう。

白黒複製でも朱墨の判断ができるものもあるが、春瑜本のように薄い墨色で本文が書かれていると、朱墨の判断はかなり難しくなる。こういう点でも、カラー版による複製が重要なのである。原本を見れば良いという意見もあるだろうが、原本は見れば見るほど損耗してゆく。古書閲覧の訓練を受けずに閲覧すれば、本を傷めてしまうことも多い。それに資料は我々だけのものではなく、百年、二百年後の研究者も閲覧するのである。原本閲覧については、慎重であるべきところである。本書のように細心の注意を払ったカラー版は、研究を一気に進める機会となるだけでなく、後代のために原本を保存する役割も果たすのである。道祥本、春瑜本がカラー版で刊行されるならば、ここで隔靴掻痒のまま放置せざるを得ない朱墨の問題は、簡単に解決するだろう。しかしこの程度の調査のために原本を拝見するべきではないと判断している。

本書は上巻の半分しかなく、本文的にもあまり資料的価値がないように感じるかもしれないが、やはりその書写年代の古さが大きな意味を持つ。十四世紀の段階の『古事記』の文章に対する理解が分かるのである。

例えば、本文では音仮名書の固有名詞にも訓合符が付されている（19-2）。現在の感覚では音仮名は漢字の音を利用しているので、音合符を付すべき所であるが、本書（のもとの本）では、「仮名」で和語を表しているのであるから、訓合符を用いるべきであると理解しているのであろう。つまり万葉仮名の音仮名は平仮名の字母となっていることも多いので、仮名と認識し、それが和語を表示している場合は訓と認識していたのであろう。当時の人々の感覚が分かって興味深い。本文は訓で訓むという態度なども、十四世紀以前に存在していたことが分かるのである。

ただし、本書の書写者はあまりこういう文章に慣れていないのか、理解が不足しているように見えるところがある。

「オノキロ嶋」（23-1、「オノコロ嶋」が正しい）、「大キツヒメ」（80-4）（80-2に「大ケツヒメ」がある）などは春瑜本でも同じなので、もと本の誤りなのであろうが、外にも、以下のような例が見られる。

62-3、81-6「ヤツカレ」を「ナツカシ」と誤写しているが、それぞれの前か後の「僕」に「ヤ」の付訓がある（59-4、82-1）。あまり本文を理解していないように見える。

74-3「布刀玉」のルビ「フトタマ」の位置がずれており、「フ」が「命」の送り仮名に見える。

77-1・2行間の「覆槽置也」は「汙気」の横にあるべきものであるが、位置が大きくずれている。春瑜本は正しく「汙気」の横にある（春49-8）。

75-4「八尺鏡」を「ヤタノ」と読んでいるが、直後の訓注で「八阿多」としている。春瑜本は「ヤアタ」（春49-2）。

86-2「ヒノ」が「肥」の下にあり、「肥」を動詞に読んでいるように見える。

和訓の数が少ないので、あまり意味が無いかも知れないが、ハ行転呼音や音便の例を一部、挙げておく。

〈ハ行転呼音〉

アワセテ（27-5）（春19-3「アハセテ」）

別（ハケ）（32-3）（春21-8「ワケ」）

酔（エイテ）（85-5）（春55-4「エイテ」）

ウルハシキ（49-3）（「ウルワシキ」が49-5にある）

〈音便〉

25-4「先言（サイタツコト）」、86-3「刺割（サイ）」、73-2「神集々而（カンツトヒニツトヒテ）」

75-3「上枝（カンツエニハ）」、77-2「神懸（カンカカリ）」、76-2「布刀詔戸言（フトノムトコト）」

二　訓読の実態

まず、序文は音読符と訓読符が使用されているのに対して、本文は訓読符だけであることから、序文については通常の漢文訓読を試み、本文は全て訓読するという方針であることが分かる。序文が正格な漢文であり、本文は和化漢文を基盤として日本文を写したものであるので、このような扱いは理解できる。これが古くからの伝統なのか、あるいは訓読を旨とする『日本書紀』の訓読にひきつけられて生じた意識なのかは分からない。

冒頭の訓を見ると、「発（ヒラケシ）」、「天（アマノ）」、「效（ナラヘ）」、「脂（アフラ）」、「萌（キサシ）」、「騰（ノホル）」などの一般語彙は、普通の訓読でも用いる語ばかりである。『類聚名義抄』でもそれぞれの漢字に、ここで読まれた訓が掲載されている。つまり冒頭の最も神話らしい部分でも、固有名詞以外は、通常の漢文訓読である。「驟（ウクツク）」（8-1）や「音訓（コヘクンヲ）」（15-5）などを見れば、漢字の意味を調べながら、あるいは確認しながら読み解いていった様子が窺える。

「陰（フト）」（72-3）（本来は「ホト」、女性器の意味）、などはあるいは伝統的な訓なのかもしれない。「ホト」はもともと「へこんだ所、隠れた所」の意味のようで、『類聚名義抄』では「陰」には「クモル、カクル」などの通常の意味以外に「フグリ（陰嚢）」があり、漢語では「玉茎・玉門之通称」と注されている。

熟語として「陰脈」に「マラザヤ」とある。「陰」を「フト（ホト）」と読むのは普通の漢文読ではなさそうである。「千位置戸（チクラノオキト）」（79-5）は祝詞の「千位ノ置座（ちくらおきくら）」があり、「神集々而（カンツトヒニツトヒテ）」（73-2）も祝詞に出てくる表現である。このような撥音便を含む読み方は文字を調べながら読むときには出てこない形であるから、祝詞の表現からの訓の可能性もある。祝詞と『古事記』の神話には似た語彙が出てくるので、伊勢周辺では読めるものも多かったであろう。

「尓」（23-4、86-1・3、87-1）を「ソノトキ」と訓読するのは珍しく、「ソノ」と読むことはあっても、「ソノトキ」と読むことはあまりない。すくなくとも築島裕『訓点語彙集成』(2)では見られない。この訓に「＼」の字体が用いられているので、他の本からの引用なのであろう。

このような他本からの引用という点から見ると、声点付きの語は全て何かに基づいているはずである。しかし、『古事記』の神名のアクセントの伝承があったということは考えにくい。圏点の声点が付されたものは六十一例あるが、その三分の二が固有名詞、残りはほぼ古語や物語的表現である。それらの語句はだいたい『日本書紀』と重なる。『日本書紀』には、声点が付された諸本もあり、声点付きの語彙が集められた『日本書紀私記』もある。そこで乾元本『日本書紀』と御巫本『日本書紀私記』のアクセントと比べてみると、両書でアクセント表示のない語は六例で対応不明であるが、残る五十五例の内、両書のどちらかのアクセント型に一致するもの三十一（例a、b）、アクセント表示された部分が一致するもの二十三（例c）、違っているのは一（例d）のみである。

例（a）伊邪那美神（21-2）○○○●（イサナミ）神、私記…○○○●（イサナミ）、乾元本…○○○●（イサナミ）（一-13-6）

（b）八俣遠呂智（82-4）●●●（ヤマタ）○○○、乾元本…●●●（ヤマタ）ヲロチ（一-122-4）

（c）白丹寸手（75-5）白丹●●（キテ）、私記…●●●（ニギテ）（ギテの部分が一致）

（d）手名椎（82-2）◒●（テナ）椎、私記…テノ○○（ツチ）、乾元本…◒○○○（テナツチ）（一-122-2）

つまり、ほとんどが一致することになる。『日本書紀』の訓読との関連は疑えないだろう。特に、「青丹寸手」（75-2）は「青●○●（ニキテ）」のような高い部分が二箇所ある特殊な型が、乾元本でも「アヲ●○●（ニキテ）」（一-99-1）と一致しているのは注目すべきところである（私記は●●●（ニキテ））。本書の訓読に『日本書紀』古訓が利用されていたことは確かとみて良いだろう。

『日本書紀』は完成した翌年から、講筵が開かれ、太政官達が『日本書紀』の講義を聴いた。

養老五年（七二一）、博士…不明
弘仁四年（八一三）、博士…多人長
承和十年（八四三）、博士…菅野高年
元慶二～五年（八七八～八八一）、博士…善淵愛成
延喜四～六年（九〇四～九〇六）、博士…藤原春海。尚復・紀伝学生…矢田部公望
承平六年～天慶六年（九三六～九四三）、博士…矢田部公望
康保二年（九六五）、博士…橘仲遠

これらの講筵の際の記録が『日本書紀私記』として残っている。私記には「代々ノ講書之時、不レ見二此ノ問答ヲ一」（『釈日本紀』一　巻五　述義一、15オ）とあるように講筵の記録は、代々に渉って引き継がれ、次の世代（三十年）のための講筵が開かれる際には、博士達はそれらの記録を利用して、講義の準備をしたようである。『釈日本紀』はそのような私記類を重要な資料として編纂されている。

例えば「国常立尊」（巻五　述義一、4オ）の項目に引用される私記には、「公望私記曰、今問云、謂二之美許登一者、若有レ所レ由乎。答云……、又問云……、答云……」（「公望」は抹消符号付）と質問と答えが繰り返されていた様子が窺える。そしてまた。その次に「公望私記曰、案二古事記一、此五神下注云、此五柱神者別天神者也、……」とある。『日本書紀』の訓読について、『古事記』を資料にして議論しているのである。この矢田部公望は承平年度の博士で、その前の延喜年度では尚復を担当していた。公望私記はおそらく承平年度の講筵に伴うものなのであろうから、その前の「私記」はそれ以前のものになるだろう。

講師を務め、議論するのも漢学に詳しい人々であったらしく、『釈日本紀』の「秘訓」の項目では、漢字の意味からはそのようには読めないと異論を提出する場面がしばしばあり、『古事記』の訓や万葉仮名書きの語が『日本書紀』の訓読にかなり利用されていた様子も窺えるのである。

『日本書紀』の講筵は当時ではかなり重要な行事であったらしく、その後の竟宴の記録まで残り、竟宴の際の歌も『日本紀竟宴和歌』として残されている。『西宮記』（源高明　九一四―九八三）などにもその記録が詳しく掲載されている。当時にあっては、太政官に任命されれば、『日本書紀』に対する知識は必要だったのであろう[3]。

その講筵では、『古事記』の語句が利用されているので、両書の訓に一致するものが出てくるのは当然のことであるし、『古事記』の訓読に『日本書紀』の訓読が影響してもおかしくない。圏点や万葉仮名の声点が一致するのはそういう背景もあるのであろう。

このように本書は、幾つかの書紀関係の書籍を参照しつつ、和化漢文として本文を読んでいたらしいが、『古事記』そのものには伝承があったわけではないと推測されるのである。

本書の訓は、卜部家の訓ともかなり異なっている。例えば、両書を比べてみると、

本　書…告㆓其妹(イロトニ)㆒、因㆓女人(タヲヤメノ)先(サイタツ)㆑言(コト)㆒不-良(サカナシ)（25-4）

兼永本…告㆓其妹(ノ)㆒曰・女人(ヲトメ)　先㆑言　不㆑良（18-2）

のようになる。本書の方が、訓が多く、且つ、古風である。本書は「女人」を「タヲヤメ」と読んでいるが、「ヲトメ」の方が普通であろう。こういう部分も何かに拠っている可能性があり、兼永本は普通の訓読をしていると見てよさそうである。

三　伝来の様子

最古の真福寺本の元の写本は神祇権大副・大中臣定世写本（文永三年［一二六六］）である。大中臣氏は伊勢祭主を世襲しており、他の古い写本もほぼ伊勢周辺の僧侶、神官による書写か、所蔵である点が特徴的である。奥書によれば、中巻はほとんど見られない状況で、卜部氏のものを写したという。

『古事記』は、『日本書紀』の訓読に利用され、太政官員には知られていたし、『本朝月令』や『政事要略』にも引用されているので、古くはよく知られていたはずである。しかし、『古事記』は万葉仮名書きも多く、注も多いので、かなり読みにくい上に、史書としては『日本書紀』があり、典拠とするならば『日本書紀』の方がふさわしい。『日本書紀』に記載されていない出来事の由来を探る時のみ『古事記』も利用されたと見るのが適当であろう。それに『日本書紀』の講筵も康保二年（九六五）以降は開催されず、朝廷の衰微と共に、太政官達の『日本書紀』に対する興味は薄れていったであろう。まして『古事記』はほとんど顧みられることなく、神道や仏教の世界でかろうじて生き残って、伊勢周辺に古い諸本が残ったのであろう。

卜部系の諸本も含めて、『古事記』の訓読を見ると、博士家の手によって読まれた形跡がない。ヲコト点が若干使用されているが、ごく一部である。卜部系の諸本にもヲコト点がないようである。仮名字体についても古い字体はほとんど見られず、『日本書紀』の訓読に良く用いられた「ヒ（さ）」「ア（み）」の字体も、引用部とおぼしい「ヒ」一例のみである。これらは、現存の『古事記』諸本の訓が、比較的新しい時代に試みられたものであることを示している。『古語拾遺』は『古事記』に比べても更に小さな文献であるが、朝廷に提出されたものである。朝廷に提出されれば、紀伝道や明経道の博士達の読解の対象となったはずである。現存の『古語拾遺』は『古事記』に比較するとヲコト点が多く、古体の仮名字体が用いられており、博士家の手によって読解された痕跡を残している。伊勢の地に伝えられたものは、巷間に流れた一写本の系統と説明出来ても、累代本を写したと言われる兼永本でさえ、ヲコト点は使用されていないのである。

博士家の読解対象とならなかったというのは、『古事記』が正式に朝廷に提出されていなかったのではないかという疑問に対する答えになるかもしれない。実際に『古事記』の内容を見て行くと、以音注のような他に見られない特殊な注形式が大量にあったり、顕宗記の歌謡のように未整理を思わせる表記法、そして天皇の継嗣関係の記述が本体の順番と異なっているというようなまことに迂闊な現象まであり（継体記、欽明記）、「現存古事記」は未完成のものである可能性がある。少なくとも献呈する水準にはないと見るならば、現存『古事記』は朝廷に提出されていないということもあり得ることであろう[4]。

未完成であるから価値が落ちるものではない。『古事記』本文を見て行くと、

各家にあったさまざまな伝承がどのようなものであったのかが分かり、整理完成させられた『日本書紀』では隠れてしまったさまざまなもとの資料の形が見られるのである。天皇の継承順序についてさえも、そのような異説もあったのかもしれない。

また、その用字法、表記法についても、序文で、安万侶自身が語っている。

上古之時、言意並朴、敷レ文構レ句、於レ字即難。已因レ訓述者、詞不レ逮レ心。全以レ音連者、事趣更長。是以、今或一句之中、交二用音訓一、或一事之内、全以レ訓録。即、辞理叵レ見、以レ注明、意況易レ解、更非レ注。亦、於レ姓、日下謂二玖沙訶一、於レ名、帯字謂二多羅斯一、如レ此之類、随レ本不レ改。(15-1～16-3)。

この部分は、現在、右のような句読で訓むが、本書の句読点の位置とは若干の違いがある。ここは正格漢文なので、「言意」や「事趣」なども音読しても構わないところである。

「訓」で表記すると細かなことが書けない、「音」で表記すると長くなりすぎる。そこで一句の中を「音」と「訓」を交用して表現するか、一つの部分を全て「訓」で表記することにした。

というのである。

このような表現法についての言及は、当時の文字世界がどのようなものであったのかを示しており、八世紀初頭にこれだけの文体論を展開しているというのは貴重である。この後、漢字による和文の表現法についての言及は本居宣長まで無いのである(十三世紀の慈円『愚管抄』に漢文と和文の位相差についての言及があるが)。

安万侶の言う「訓」は固有名詞の中の訓字・訓仮名を言うのではなく、通常の正訓字の使用を言っていると思われる。訓字・訓仮名は固有名詞の中に大量に使用されているが、それは定着した固有名詞表記法であったり、資料となったものの表記法を引き継いだもので、安万侶自身が手を加えた部分は少ないだろう。このような固有名詞の訓字は表現法には関わらない。安万侶の言う音訓交用というのは「布斗麻迩尓(上此五字以音)卜相而」(26-5)、「在祁理(此二字以音)」(51-2)のような場合を言うのであろう。このような表記法は漢文の文体から見れば、見苦しい表記法ではあるけれども、これによって日本語の表現が再現できる工夫がなされたということがよく理解できる(『古事記』の文体は平安時代から批判されている〔『日本書紀私記』〕)。

四　『古事記』の訓読

伝統的訓読がなかったと思われる『古事記』の訓読は、改めて漢文として読み直してゆくという方向しかなかった。兼永本に見られるように、無訓の所も多い。卜部家には『日本書紀』の写本も『釈日本紀』も『古語拾遺』もあったし、その外の資料も少なくなかったはずである。しかし改めて『古事記』全体を読解することはなかったようである。

その卜部家の本を中心にして、新たに訓みを補ったのが寛永版の『古事記』である。実際、兼永本にある訓はほぼそのまま寛永版にある。それ以外の部分に若干の訓を補ったのが寛永版である。無訓のところも多く残っている。

この寛永版を見て、度会延佳が『鼇頭古事記』を編纂し、寛永版の本文と訓の改訂、補充をする。その跋文で「近世刊行之古事記、文字謬多クシテ而、難キレ暁リ二其ノ義一者、往往有リレ之」と言い、「予、多年、求ムレド二善本ヲ于故家ニ一、乃チ得テ二数部ヲ一而校讎シ、正シ二誤字ヲ一、補ヒ二缺語ヲ一、刪リ二衍文ヲ一、加ヘ二訓点ヲ一、頗以是正ス」と言う。その改訂は一千箇所にも及ぶとのことである。(5) 一方、荷田春満も寛永版本を見て、補訂する。それが荷田春満「書入本『古事記』」である。(6) 修正だけでなく無訓の部分にも訓を補っている。中巻冒頭部分の「甲」を寛永版は「カウ」と音読して、訓読の原則を破っているが、春満は「セナカ」と訂正している。(7) その春満の訓点を継承したのが賀茂真淵である。中村啓信『荷田春満書入古事記とその研究』(8) に詳しい比較表と分析がある。真淵に至って全文が仮名書きの形で読み下された。それが「仮名書古事記」(9) である。

寛永版以降は、その訓を漢字の字義にふさわしく、また古語の格に合うように修正してきたわけであるが、本居宣長が真淵の訓や解釈を継承し、更に古語の格に合うように変改して、『古事記伝』として大成した。(10)

以下に、『古事記』訓読の経過を示しておく。

古事記上巻抄(鎌倉末期)

(真福寺本〔一三七一―一三七二〕付訓無し)

道果本（一三八一年）
道祥本（一四二四年）
春瑜本（一四二六年）
兼永本（室町後期）
寛永版本（一六四四年）
鼇頭古事記（一六八七年）
荷田春満（一六六九―一七三六）晩年
賀茂真淵（一六九七―一七六九）晩年
本居宣長（一七三〇―一八〇一）晩年

宣長は、「漢意（カラゴコロ）」を排し、古語で読むことを旨としていた。『古事記伝』では漢字の使い方、仮名文の問題点など、かなり根本的なところから論じている。まず、漢意に染まらず、日本文で書かれている宣命、祝詞を学び、続いて、漢ざまの混じらない、古い意言（ココロコトバ）である『古事記』、『書紀』の歌謡、『万葉集』を学ぶべきであるという。合理的な議論であるが、「漢意」を排するという点から、極端な排外主義のように受け取られる可能性もある。しかし宣長の言い分にはもっともなところがある。「訓法のこと」には、漢の「道（から）」も「ただ人の国を奪はむがためと、人に奪はるまじきかまへ」のために作られ、「聖人の道」は「ただいたづらに、人をそしる世々の儒者どもの、さへづりぐさ」となっているとする。「吉凶（ヨシアシ）き万ヅの事を、あだし国にて、仏の道には因果とし、漢の道々には天命といひて、天のなすわざと思へり。これらみな僻事（ひがごと）なり」と断じるのは小気味よい。これは、中国文化に対する無批判なあこがれを取り除いてみれば、合理的な解釈であり、この合理的姿勢は『古事記』の訓読の際にも保たれている。現代の我々と同じように、本文を分析し、多くの資料に基づいて訓読している。その資料の量と質が現在に比べると不十分であるが、現代の研究者でも宣長と議論して論破できるとは限らない水準にある。近代的な『古事記』研究の基礎は宣長によって作られたのである。

宣長の訓読は「訂正古訓古事記」として更に磨かれ、『古事記』の訓読については基本的には受け入れられた。しかし宣長の読み方は「古へは言を主として、字にはさしも拘らざりしかば、いかさまにも借りて書けるなり」といい、「其の文字は、後に当たる仮の物にしあれば、深くさだして何にかはせむ」、「悉（コトゴト）く上ツ代々の語には、訓みがたし。さればなべての地を、阿礼が語と定めて、その代の心ばへをもて訓むべきなり」とも言う。「一ツは委（くはし）く書き、一ツは字を略（ハブ）きたるは、委き方と相照（アヒテラ）して、略ける方をも、辞（コトバ）を添（ソヘ）て訓むべきなり」という方針でもある。そのために文字から離れた訓読になる傾向がある。倉野憲司「宣長の古事記訓法の批判」(11)ではその点を指摘し、「古事記の訓みは新しく出直して研究せらるべきである」と言う。その頃から、宣長の訓読を修正して、新しい訓読を行う試みが続き、さまざまな訓読が示されている。「恐・畏」「我・吾・僕」「令・使・遣」「如・若・猶・等」などが文脈に応じて使い分けられていること、つまり『古事記』の用字法には統一性があることも広く知られるようになり、用いられた漢字の違いに応じて、訓も変化させるという方向での統一がなされてきたのである。

『古事記』の時代に近い訓読の資料としては、平安初期から前期の仏典を訓読した資料がある。平安中期以降には漢籍の訓読資料も現れる。それらの資料を「訓点資料」と呼び、研究が進められてきた。そしてその成果を『古事記』の訓読に利用しようという試みがなされるようになった。それが、日本思想大系『古事記』(12)である。『古事記』が和化漢文とはいえ、漢文形式で書かれており、その訓読と、時代的にもっとも近い漢文資料の訓読は共通した部分を持っていると見るのは当然のことである。時代の差や描かれる世界の違いがあるので、そのまま適用することはできないが、『古事記』の用字法の分析とともに、訓点資料の訓読法を応用して行くことによって、より安万侶の表現しようとした日本語に近づけるだろう。

『古事記』の訓読は宣長以来、大きな転換点に到っているのである。

道果本は完本ではなく、しかも上巻の半分しかないために、分析しても中途半端になってしまうこともあり、あまり丁寧に分析されてこなかった。しかし全体の六分の一しか残っていなくとも、細かく見て行くと、さまざまな問題が見えてくる。

例えば、「都麻碁微爾」（88-2）には「●●●●●（ツマゴメニ）」の声点がついている。乾元本ではこの語句は、吉田家本は「●●●●●（ツマゴメニ）」、大江家は「●○●●●（ツマゴメニ）」（一-

125-6）のように、両家で読み方が違っていたことを記録している。本書の型は吉田家本と一致していることになる。乾元本のような記載から吉田家の訓みに合う訓を取ったのか、単に吉田家本が利用した資料と同種の私記を利用したのか。乾元本には声点があり、本書には無いという現象もある。吉田家本との関わり、あるいは吉田家本の訓読がどのようにして付されたのかという点にまで、問題は広がって行く。精査すれば、いくつもの糸口が見つかるはずである。小さな資料であるが、やはりその古さが大きな意味をもつのである。

　このような原本を彷彿とさせる複製本ができれば、確実な研究を進めてゆけるだろう。

【注】

（1）沼本克明『歴史の彼方に隠された濁点の源流を探る』（汲古書院、二〇一三年）
（2）築島裕編『訓点語彙集成』（汲古書院、二〇〇七―二〇〇九年）
（3）木田章義「弁官と放還」（季刊『文学』一-四、一九九〇年）
（4）木田章義「狸親父の一言」（『国語国文』八三-九、二〇一四年）
（5）青木紀元「度会延佳の古事記研究」（『福井大学学芸学部紀要　第Ⅰ部　人文科学』八、一九五八年）
（6）『新編　荷田春満全集』第一巻（おうふう、二〇〇三年）
（7）中村啓信「荷田春満書入本『古事記』について」（新編荷田春満全集編集委員会編『新編　荷田春満全集』一、解題、おうふう、二〇〇三年）
（8）中村啓信『荷田春満書入古事記とその研究』（高科書店、一九九二年）
（9）「仮名書古事記」（『賀茂真淵全集』一七、続群書従完成会、一九八二年）
（10）鴻巣隼雄「近世の古事記研究」（『古事記大成』一、平凡社、一九五六年）
（11）倉野憲司「宣長の古事記訓法の批判」（『古事記年報』二、一九五五年）
（12）青木和夫・石母田正・小林芳規・佐伯有清校注『古事記』（日本思想大系一、岩波書店、一九八二年）

『播磨国風土記』解題

小倉　慈司

一　『播磨国風土記』の概要

『続日本紀』によれば、和銅六年（七一三）五月甲子（二日）に、諸国・郡・郷（この時点では正しくは「里」）に好字を付けること、また銀銅や草木・禽獣等の産物、土地の沃瘠、地名の由来、古老が相伝する旧聞異事等を記録して言上することが命じられた。この命によって作成された地誌は、『常陸国風土記』の冒頭に「常陸国司解申古老相伝旧聞事」とあるように解の形で提出された（『播磨国風土記』は冒頭部分を欠くが、賀古郡舟引原条に「又、事与上解同」と見える［一一一頁七行目　37行］(1)ので、おそらく同様の体裁であったと推測される）が、やがて中国の地誌の例にならって「風土記」と呼ばれるようになった。

『風土記』が八世紀、全国すべての国々において作成されたかどうかは定かでないが、現在、まとまった形で伝存しているものは常陸・出雲・播磨・豊後・肥前の五か国のみで、そのうちの一つが『播磨国風土記』ということになる。『播磨国風土記』は本巻に収録する天理大学附属天理図書館所蔵三条西家旧蔵本（以下、三条西本と略称）が現存唯一の古写本であり、この他の『播磨国風土記』写本はすべて江戸時代以降に三条西本（もしくはその転写本）より転写されたものである。

なお、現存『播磨国風土記』は冒頭部分を欠いているが、そこにはおそらく総説および明石郡、賀古郡前半部の記事があったものと考えられる。『釈日本紀』には巻八に明石駅家、巻十一に明石国造に関する三条西本に見えない『播磨国風土記』逸文が引用されており、それは現在欠けている明石郡条に収録されていたと見られる。

三条西本は三条西家が所蔵していた時期に影印本が製作され（古典保存会、一九二六年）、天理図書館の収蔵後には『天理図書館善本叢書和書之部　古代史籍集』（天理大学出版部、一九七二年）が刊行され影印が収録されているが、いずれもモノクロであり、カラーで影印がなされるのは今回が初めてとなる。

二　書誌的事項

請求記号二九一・四―イ九一。平安後期写。巻子本一巻一軸。紙高二八・〇cm、全長八八六cm。改装後補鶯色地宝尽文緞子表紙、八双あり。見返しは金紙。ついで継紙あり（楮紙の旧包紙を補紙に貼付）、紙幅は四二・六cm（地辺を計測、以下同）、旧包紙幅は最大三二・〇cm。

本文紙数は十六紙、首欠。料紙は楮紙打紙で、極めて丁寧に紙打がなされている。裏打ちを全面に施す。紙幅（紙継目間）は第一紙四五・四cm（補紙を含む。補紙を除くと最大四五・〇cm）、第二紙五七・〇cm、第三紙五六・九cm、第四紙五七・一cm、第五紙五七・〇cm、第六紙五七・〇cm、第七紙五七・一cm、第八紙五七・〇cm、第九紙五七・〇cm、第十紙五六・九cm、第十一紙五六・九cm、第十二紙五六・八cm、第十三紙五六・九cm、第十四紙五六・九cm、第十五紙五七・〇cm。第十六紙四五cm以上（軸巻きつきのため計測不能）。糊代は各紙〇・四cm前後。

天地単辺横界。界高は二三・九〜二四・〇cm。幅は無界で一紙行数・字詰とも不定、三十三〜三十六行二十〜二十四字程度。小字双行。

本文末尾より四行程隔てて奥書「粗見合了」あり。本文中の書入れおよび抹消・奥書は本文と同筆と見る山田一九二六の見解に従いたい(2)。後補八角焦茶色木軸。

表紙に外題は無く、旧包紙に後筆にて「播摩國風土記　『秘』（貼紙、別筆）　一巻」とあり。貼紙は縦五・五cm、幅三・七〜三・九cm。

本書は近代の黒漆塗り印籠蓋桐箱に納める。箱書はなし。「『八七國寶』（朱書）東京伯爵三條西實義氏藏／播磨國風土記　巻子本　一巻」と記す紙が付属する。一九四〇年の大阪府立図書館皇紀二千六百年記念国史善本展覧会開催時のものか。

三　特記事項

（一）成立年代・編纂者

『風土記』の成立年代は諸国によって区々であり、まとまって残る五か国のうち、常陸と播磨は「郡―里」の表記から霊亀三年（七一七）五月の郷里制施行（鎌田一九九一・一九九二）以前、豊後・肥前は「郡―郷―里」の表記から郷里制施行後、出雲は巻末の日付から天平五年（七三三）であることがわかる。揖保郡狭野村条（一二四頁五行目　175行）に「川内国泉郡」と見え、『続日本紀』によれば霊亀二年（七一六）四月甲子（十九日）に河内国の大鳥・和泉・日根三郡を割いて和泉監が置かれているので、それより前であるとする説もある（敷田一八八七　下二八丁オ、栗田一八九九播磨　六二頁等）が、伝承の中での言及なので、厳密に記されたものであるかどうかは注意を要する（植垣一九七二、二一頁）。ともかくも、『播磨国風土記』が和銅六年（七一三）から霊亀三年までの四年間に作成されたものであることは確実と言えよう。

『播磨国風土記』の編纂に携わった国司については、早くより巨勢朝臣邑治と石川朝臣君子・楽浪河内が挙げられてきた。巨勢朝臣邑治については和銅元年（七〇八）三月丙午（十三日）に播磨守に任じられていることが知られる（『続日本紀』）。石川朝臣君子は霊亀元年（七一五）五月壬寅（二十二日）に播磨守に任じられた（『続日本紀』）。君子は『藤氏家伝』下　武智麻呂伝に「風流侍従」として挙げられている人物でもある。

これに対し、他に大石王を挙げる見解がある。植垣節也氏は『懐風藻』に大石王が「従四位下播磨守」と見え、同人が和銅六年四月乙卯（二十三日）に正五位下より従四位下に昇叙している（『続日本紀』）ので、この時に播磨守であった可能性が高いとする（植垣一九九〇、橋本二〇一三）。しかし大石王は同年八月丁巳（二十六日）には摂津大夫に任じられている（『続日本紀』）ので、仮にその時期に播磨守であったとしても、五月に編纂の命が下されてから四か月足らずの間では実質的編纂は困難であろう。なお、大石王が従四位上に昇叙したのは養老七年（七二三）正月丙子（十日）のことであり（『続日本紀』）、その直前に播磨守であった可能性も考えられる。

先に名前を挙げた楽浪河内は大目在任中の和銅五年（七一二）七月甲申（十七日）に「勤造正倉、能効功績」として従八位上より位一階を進められ、絁十疋と布三十端を下賜された人物である。天智朝癸亥年（六六三）に百済より帰化した沙門詠の男であり、のち大学頭にまで昇ったとされ（『続日本紀』神護景雲二年六月庚子［二十八日］条高丘比良麻呂卒伝）、『藤氏家伝』下　武智麻呂伝には「文雅」として名前が挙げられた一人であり、守のもと、編纂実務に携わった候補者として推測されている。

なお、『類聚符宣抄』所収延長三年（九二五）十二月十四日太政官符によれば、その頃には朝廷では諸国風土記は既に保管されていなかったらしく、諸国司にその国庁もしくは部内を調査して風土記を進上すべきことが命じられている。『播磨国風土記』は内容的には和銅時のものと考えて良いであろうが、ただ、和銅時のものそのままと考えるべきなのか、あるいは国庁に保管されていたものが延長時に改めて進上されたと考えるべきなのか、諸説存する（後述）。

（二）書写年代

三条西本の書写年代については明確な徴証がなく、現状では書風・料紙より推測せざるを得ないが、山田一九二六は「平安朝の中期以後かと考へらるるもの」とし、これまでに、

A平安時代（大阪府立図書館一九四〇、秋本一九五九、文化財保護委員会一九六八）
B平安時代中期（天理図書館一九六〇・一九七二）
C平安時代後期（石崎一九七二）
D平安時代末期（築島一九七九、天理図書館一九九六・一九九七・二〇〇六）
E十二世紀（文部省文化庁一九六八、財津一九八六）

との説が提出されている。このうち、CDEは、「平安時代後期（十二世紀）」「平安時代後期をくだらない」（栗原一九七一）、「平安時代　十二世紀」「平安時代後期」（中村一九九〇）とも言われているように、同義と見て良い。料紙は樹皮の混入は見られるもののかなり薄く入念に紙打された極めて良質な楮紙であり（裏打紙があるため紙厚は測定不可能）、十二世紀もしくはそれ以前と考えてお

きたい。

三条西本の親本がどのようなものであったのかは推測の域を出ないが、秋本吉郎氏は一行字詰め十三字（祖本段階）あるいは二十字（親本段階）説を提唱し（秋本一九五八　三二八頁、一九六三　二五一・二六〇頁）、植垣節也氏は二十五字説を提唱した（植垣一九六九・一九八六a）。しかしこれらの説は語句の位置を移動させるための説明として出されたきらいがあり、今一度、確実に目移りによる誤写と判断される事例に限って検討する必要があろう。ここでは三例を取り上げる。

①　一一二頁一〇行目（50行）の「大石傳云」

ここは、その二行前の「大石傳云」を目移りにより誤写したものであるから、親本（もしくは祖本。以下、煩を避け、「親本」とのみ記す）では次に示すような字詰めであったと考えられる。

（〇上略）長二丈廣一丈五尺高亦如之名号曰
大石傳云聖徳王御世弓削大連所造之石也
六継里土中々（〇下略）

すなわち一行の字詰めが十八字となる。ただ里が変わるところなので、「石也」の下に多少の余白が存した可能性も考えられる。[3]

②　一一八頁八〜九・一二行目（112〜113・116行）、一一九頁一行目（117行）

「志貴嶋宮御宇天皇」と記すべきところ、「志貴」が本来入る位置の十七〜十九字後に紛れ込んでしまっている。[4] とすれば、親本の字詰めはそれに二字を加えた十九〜二十一字であったと推測できる。[5]「志貴」が行頭であったかどうかは不明であるが、今、仮に行頭に置いた形で親本の字詰め想定案を掲げる。

嶋宮御宇天之御世村上足嶋等上祖恵多　〔皇脱カ〕
志貴請此野而居之乃為里名
嶋宮御宇天皇世私部弓束等祖田又利君鼻留
志貴請此處而居之（〇下略）

③　一二四頁七行目（177行）

このところで二十字脱字したのは目移りして一行を飛ばしたためと考えられる。親本では以下のような字詰めであったろう。

（〇上略）相闘此欲諫止上来之時到於
此處乃聞闘止覆其所乗之船而坐之故号神阜々
形似覆　上罡里（〇下略）

以上の三例によれば、親本の一行字詰めは二十字内外であった可能性が高いと言えるであろう。[6]

（三）中世における伝来

『播磨国風土記』そのものも含め、中世における伝来過程は定かでない。十三世紀後半に成立した『釈日本紀』『万葉集註釈』『塵袋』には、『播磨国風土記』が数か所にわたって引用されている。その内訳は以下の通りである。

・（明石郡明石国造……『釈日本紀』巻十一
　便到新羅時随船潮浪遠逮国中条）
・（明石郡明石駅家………『釈日本紀』巻八　熊野諸手船条）
・印南郡益気里八十橋……『釈日本紀』巻五　天浮船条
・揖保郡香山里・家内谷…時雨亭文庫本『万葉集註釈』巻一
　一三番歌条私（玄覚）考[7]
・揖保郡越部里鷁住山……『塵袋』第三　鷁首条
・揖保郡上岡里神阜………時雨亭文庫本『万葉集註釈』巻一
　一四番歌条私（玄覚）云
・揖保郡韓荷嶋…………仁和寺本『万葉集註釈』巻四　九四三番歌条
・揖保郡萩原里針間井……仁和寺本『万葉集註釈』巻八　三四三五番歌条
・揖保郡粒丘……………『釈日本紀』巻十　熊神籬一具条
・讃容郡中川里引船山……『塵袋』第三　鵲条
・宍禾郡御方里…………『釈日本紀』巻十　熊神籬一具条

明石郡の二条は先述したように現三条西本で欠けている冒頭部分に存在したと考えられる。その他の引用箇所は、その本文に三条西本と大きな異同はなく（廣岡二〇〇六）[8]、これらの書が編纂される際に参照された『播磨国風土記』テキストは三条西本と同系統であった可能性が高い（秋本一九六三、三四五頁）。なかでも一一三頁五〜六行目（55〜56行）に記される八十橋の記事は『釈日本紀』では「賀古郡」の記事として引用されているが、これは三条西本が「印南郡」

を分けず（おそらくは印南郡冒頭部分の脱落が想定される）、賀古郡の記事の中に含めて記していることと照応し、『釈日本紀』を編纂した卜部兼方が参照した『播磨国風土記』が三条西本と同体裁であったためと考えられる（秋本一九六三　三四四頁）[9]。

なお、国立歴史民俗博物館所蔵冷泉家・有栖川宮家旧蔵『袖中抄』巻十六の第五紙紙背には風土記に関する以下の覚書が残されている。

□〔記カ〕
伊勢　備後
播磨　常陸
□〔日カ〕向
已上五帖借進了、
□〔阿カ〕波　伯耆
豊後　土左
□〔肥カ〕前
已上去年十二月四日
借進之處、書還
給候、
永仁五年六月二十四日

これは、以前に借し出していた阿波・伯耆・豊後・土佐・肥前の風土記書写が終わって六月二十四日に返却され、新たに伊勢・備後・播磨・常陸・日向の風土記を借し出したとの覚書である。有栖川宮本『袖中抄』には正安二年（一三〇〇）四月から六月にかけての書写奥書があり、二条為氏の子定為法印が巻頭部を書き、後を他に写させたと伝承されており、もとは二条家の典籍で、後に冷泉家に伝来したと考えられている[10]。兼岡理恵氏は定為が玄覚よりしばしば書籍を借用して書写していることを指摘し、その他の紙背文書からも定為周辺で風土記をめぐるやりとりがなされていたことが裏づけられるという（兼岡二〇〇八b）。ちなみにこの時に書写されたのが冷泉家時雨亭文庫本『豊後国風土記』であろう。

（四）前田綱紀による三条西本発見と柳原紀光による転写

三条西本の存在が確認されるようになったのは、元禄十六年（一七〇三）のことである。三条西家当主であった実教が元禄十四年（一七〇一）に没した後、後を継いだ公福はまだ六歳であった。三条西家家司河村権兵衛が加賀藩主前田綱紀の家臣後藤達乗と知り合いであったことにより、河村権兵衛が好学で知られた綱紀に三条西家書庫の修築および同家所蔵古書の修覆を依頼することになる。

尊経閣文庫所蔵『三条西蔵書再興始末記』一（『書札類稿』第七冊）によれば、元禄十六年四月二十八日に綱紀から河村権兵衛に宛てた書状において、修覆のために前田家に運ばれた書物のなかに三条西家では把握していなかった『播磨国風土記』が含まれていたことが報告され、『日本後紀』『魚魯愚抄』第四とともに転写の許可を求めている。この『播磨国風土記』は「日本後紀一括之内」に含まれた「十六枚」[11]であり、綱紀はまず裏打ちをするよう指示したことを伝え、巻首が不足しており、もし該当部分が発見されたら送って欲しいと述べている。五月九日付書状で河村権兵衛は転写を許可しており、また巻首部分が見つかればすぐに送ることを約している。六月二十一日付書状において綱紀は「播摩國風土記一巻　墨付十六張」を返却しており、このときまでに裏打ち修覆がなされ、おそらくは転写もなされたのだと推測される[12]。残念なことにこのときに転写された写本は現所在不明である[13]（以上、綱紀による三条西本の修覆については、近藤一九〇九、飯田一九五八・一九五九、兼岡二〇〇六参照）[14]。

なお、この元禄時点で『播磨国風土記』と一括されていたという『日本後紀』は室町後期写本で、これも現在、天理大学附属天理図書館所蔵となっている。

ところで三条西本は、現状では約三八・四cm間隔（稀にその二分の一となる一九・二cm間隔）で縦折筋を確認することができる（たとえば一一〇頁二行目と三行目の間、一一二頁四行目など）。この折筋は折本にした際の山折り部分に相当する[15]が、奥に進むにつれて弱くなる傾向にあり、また巻末近くは三八・四cmよりも数mm程度間隔が広いようでもある。おそらく元禄以前の段階において約一九・二cm幅に折り畳まれていた時期があったのではないかと推測される[16]。

この後に三条西本を目にしたのは『続史愚抄』の編者として知られる柳原紀光である。紀光は諸家の古記録探求に熱心に取り組んだが、寛政八年（一七九六）三月に初めて三条西家の蔵書を同家にて転写することが許され、さらに六月以降には借用を許されて、それからの半年間に多くの蔵書を転写したり、所持本に校合を加えたりした（是澤一九四二）。三条西本『播磨国風土記』を転写したのは六月二十六日のことである。この時に紀光が転写した写本は現在、西尾市岩瀬文庫に蔵されており（函架番号九七—六二）、以下の奥書が記されている。

右播磨風土記以或家古巻令写之、當時出雲・豊後之外諸國風土記逸、於後人擬作者餘國猶有之、寂可謂奇珎矣、
寛政八年六月廿六日　同日令一挍而所々有不審、重以正本可挍者也、
正二位藤（花押）（○紀光）（印）（○印文「紀光」）

しかしこの紀光写本もまた広く流布することはなかった。

（五）谷森善臣による転写と写本の広まり

『播磨国風土記』流布のきっかけを作ったのは、国学者谷森善臣である。善臣は伴信友の門人で陵墓研究や南朝史研究・皇室系図研究で名高いが、三条西家家臣でもあった。善臣はたまたま三条西家蔵書の目録の中に『播磨国風土記』を見出し、六年間にわたり懇請し、ようやく三条西本の借用転写を許された。[17] 嘉永五年（一八五二）三月二十三日のことである。その六日後である三月二十九日に摸写を終え、善臣は以下のような奥書を記した。

播磨風土記ハ既ク亡セテ今ノ世ニハ傳ハラス、サキツトシ三條西殿ノ文庫ニ古クヨリ秘蔵タマヘル御書トモノ目録ノ中ニタマ〳〵此書ノ名ヲ見出テ、コノ六年ノホト懇切ニネキマヲシツルヲ、ヤウ〳〵コトシ三月廿三日コトサラニ召シテ（季知卿）御手ツカラ借シタマハリテ写シト、ムヘキヨシ仰アリ、イトウレシクヨロコハシクテ、スナハチ本ノマヽニ写シヲヘヌ、
嘉永五年三月廿九日　平種案[18]

残念ながらこの写本は元治元年（一八六四）七月十九日の禁門の変の際の火災で焼失してしまった。幸いにして焼失以前、嘉永五年五月二十日に鈴鹿連胤が摸写した他、いくつかの摸写本が作成されたらしい（多和文庫所蔵巻子本奥書等）[19]。維新後、善臣は鈴鹿連胤摸写本を再転写している。

善臣は摸写本を作成して五か月後の九月六日には、柳原紀光写本も借用して転写しており、この系統の写本が以後、広く流布していくこととなる。[20] その後、明治十九年（一八八六）にいたり宮内省図書寮にて三条西本の借用が行なわれ、摸写がなされた（宮内庁書陵部図書寮文庫所蔵本　函架番号一六六—一一九）[21]。

（六）古典保存会影印と天理図書館への移動、国宝指定

三条西本が広く一般に利用されるようになったのは、古典保存会による影印本の刊行によってである。古典保存会は植松安・七条愷（西東書房創業者）・橋本進吉・正宗敦夫・山田孝雄・猪熊信男を幹事とし、上田万年・新村出を顧問として「典拠とすべき古代の典籍を写真玻瓈版に附して会員に頒ち、一は万一の佚亡に備へ一は学者の研究に資せんが為設立」され大正十二年（一九二三）三月に会員募集を開始した。[22] 翌大正十三年より刊行を開始し、昭和十八年（一九四三）まで八期にわたって続けられたが、『播磨国風土記』三条西本の刊行は第二期、昭和二年（一九二七）三月のことであった。[23]

その後、昭和十年（一九三五）四月三十日に国宝保存法に基づき国宝（旧国宝）に指定され（同日付官報）、昭和十五年（一九四〇）一月には大阪府立図書館にて開催の皇紀二千六百年記念国史善本展覧会に出陳される（大阪府立図書館一九四〇ａｂ）。

戦後にいたり、三条西家の手を離れ、天理図書館に収蔵されることになった。この間の経緯につき、明確に記録されたものは残されていないが、昭和二十二年（一九四七）三月以前に『日本後紀』とともに柏林社書店が購入し、すぐに村口書房の手に渡った。[24] そして村口書房より天理図書館が購入し、昭和二十九年（一九五四）三月に収蔵されることとなった（天理図書館一九七五　二九三・五一一頁）[25]。この間、昭和二十五年（一九五〇）五月三十日の文化財保護法により同年八月二十九日をもって重要文化財とされている。[26] そして昭和四十年（一九六五）五月二十九日国宝（新国宝）に指定された。

（七）古典保存会影印との異同

先述の古典保存会による影印の後、皇紀二千六百年記念国史善本展覧会に出陳されるまでの間に、三条西本は改装がなされた。古典保存会の解説によれば、影印撮影当時には三条西本には表紙も軸も付けられておらず、包紙もそのまま

であって継がれていなかったようであるが、展覧会に出陳されるまでには現状の形にされていたと考えられる。

改装にあたって付けられた表紙は転用であり、恐らくはもとは経巻に使用されていたものではないかと推測される。この表紙が三条西本の紙高より小さなものであったためか、本文の天地が切断されることになる。改装以前の紙高は古典保存会本影印より推測するに二九・七cm程度であったと見られる。また古典保存会本では巻末第十六紙が紙端まで撮影されているが、それによれば紙長は五五・五cm程度であり、左端は天地とも斜めに切断され、かつても現状と同様、第十六紙に直接、軸が巻きつけられていたことがわかる。影印からは糊痕は確認できないため、あるいは第十六紙はさらに長かったが、軸がはずされた段階で若干、切断がなされた可能性が考えられる。

なお、再裏打ち時の不備あるいは古典保存会影印後の劣化により、古典保存会影印時には確認できた文字が現在では判読困難になっている箇所が存する。次頁以下にその主だった箇所を列挙し、参考図版を掲げる。

（八）三条西本の問題点と課題

三条西本には明石郡と赤穂郡の記事が欠けている。このうち明石郡については先述したように、逸文の存在が確認され、現在は欠けている冒頭部に存在したと考えられるが、赤穂郡は郡の配列順からすれば、揖保郡と讃容郡との間に存すべきであったと見られる。これにつき、a編纂時、赤穂郡は未成立であった（小野田一九五四、小島一九六二）、b赤穂郡は存在していたが、当初より筆録されなかった（井上一九二六・一九三六）、c赤穂郡を筆録したものが存在していたが、後に欠脱した（倉野一九三四　一三〇〜一三二頁、秋本一九六三）、との可能性が考えられている。このうちaについては平城宮木簡に「播磨国赤穂郡周勢里」と記したものがあり（平城宮木簡七―一二六〇二）、里制下に赤穂郡が存在したことが知られるので、皆無とは言えないものの成り立つ可能性は低い。b説とc説の違いは、三条西本が（冒頭部を除いて）完本なのかそうでないのかという問題とも絡んでくる。

井上通泰氏は、赤穂郡の記事がないことと飾磨郡の記事に錯簡が多いことを理由として、現存本は朝廷に奏上された本ではなく、国衙に残ったものの写しであり、さらには延長三年（九二五）十二月十四日太政官符（『類聚符宣抄』所収）によって国底に残っていたものを奉ったものの写しであると考えた（井上一九二六・一九三六）。これに対し、秋本吉郎氏は、伝写の間の記事の整理ないし抄略は加えられなかったとした上で、風土記伝本の祖本となる可能性として、

（イ）和銅六年の官命に基づいて筆録編述されたもの
（1）中央へ進達せられた公文書正文
（2）地方国庁に残存した副本または稿本
（ロ）延長三年の太政官符によって進達し、また筆録したもの
（3）地方国庁残存の副本または稿本によって、中央に進達したもの
―（2）と同じであるが、整理上書したり、国庁保存中の欠脱なしともし難い―
（4）新たに筆録編述して中央へ進達したもの
（5）国庁保存の副本または稿本に、新たに記事を加えて―整理編輯をなしたことも考慮せられる―中央へ進達したもの
（6）延長度中央へ進達したもの（3）（4）（5）の副本または稿本として地方国庁に残存したもの

を想定しつつ、井上説の根拠不充分なことを論じ、改めて郡ごとに記述方針がばらばらであること、記事の配列に未整備な箇所があることを指摘、しかし記事内容や用字に時代的相違は見られず、延長時のものとは考え難いことから、和銅時に一旦、各郡の筆録を国庁で取りまとめて一応の編述を終えた後、さらに各郡について追録補筆がなされたと推定した。とはいえ、いまだ編述が完了したと言える段階にまでは達していないことにより、三条西本は正本でも副本でもなく、国庁に残存していた稿本段階のものであったと捉える。そして国庁で取りまとめが行なわれている以上、赤穂郡のみが未提出のままで追補が行なわれたとは考えにくく、稿本が国庁で郡衙筆録のままに郡ごとに取り纏められてある状態のうちに、一郡一纏まりの記事が失なわれ、延長時（もしくはそれ以降）に欠脱したまま進達されたと結論した（秋本一九六三）[27]。これに対しては、現代的感覚をもって未精撰と捉えることに対する批判がある（小島一九六二、橋本二〇一三等）。しかしやはり現存伝本に不完全なところが多々あるのは事実であり、それらすべてを原本のまま、あるいは転写段階における誤写誤脱と考え

【参考図版】古典保存会影印との異同（本書現状と古典保存会影印の該当行を掲出）

一一四頁　一一行目（72行）　一一字目「見」　めくれ

品太天皇巡行之時勅云見此二者山能似人眼割下故号

一一七頁　四行目（97行）　一〇字目「那」　めくれ

山村等上祖柞巨智賀那請此地而墾田之時有一聚草

一一七頁　七行目（100行）　一三字目「縁」　偏のずれ

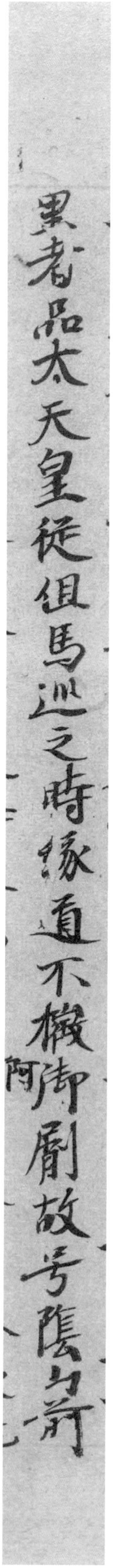

一二三頁　一行目（160行）　一字目「落」　欠落の拡大

一二四頁　七行目（177行）　一一字目「来」　欠落の拡大

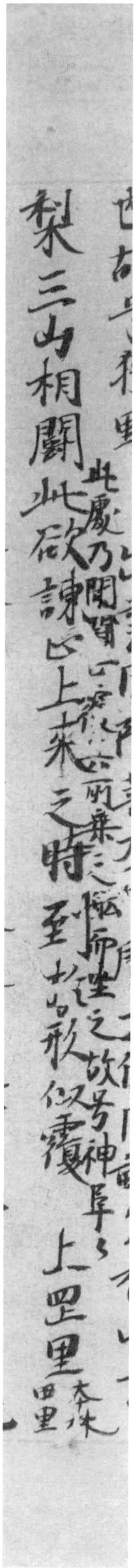

一三五頁　六行目（297行）　一四字目「川」　欠落の拡大

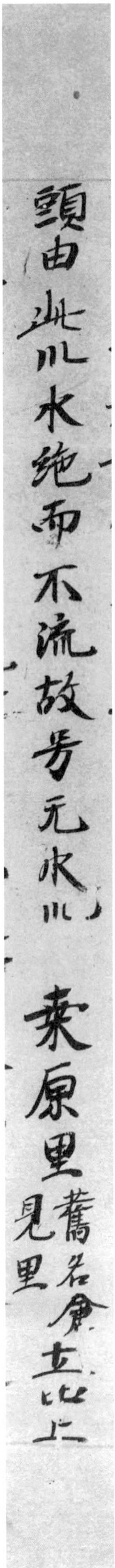

一四二頁　一〇行目（380行）　一字目「玉」　欠落

一四三頁　六行目（387行）　一字目「酒」　旁のずれ

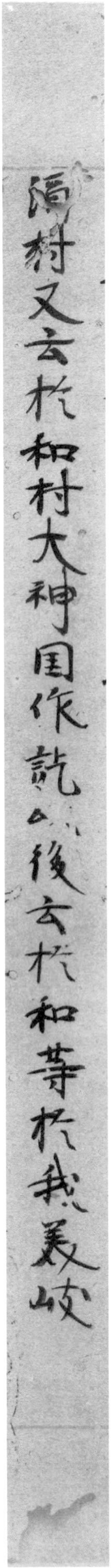

一四五頁　一行目（405行）　二字目「号」　欠落の拡大

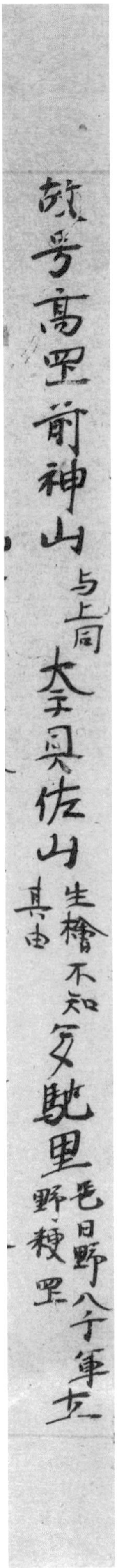

一五一頁　三行目（474行）　一三字目「粳」　欠落の拡大

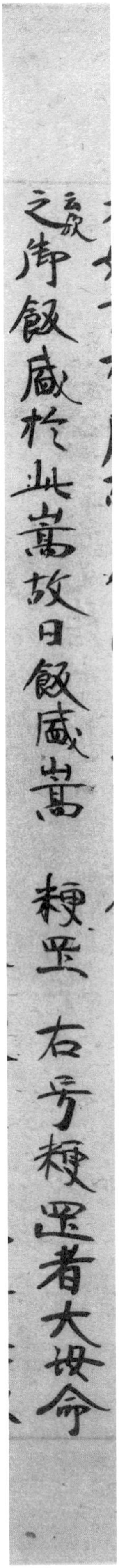

一五一頁　六行目（477行）　八字目「麻」等　紙継目のずれ

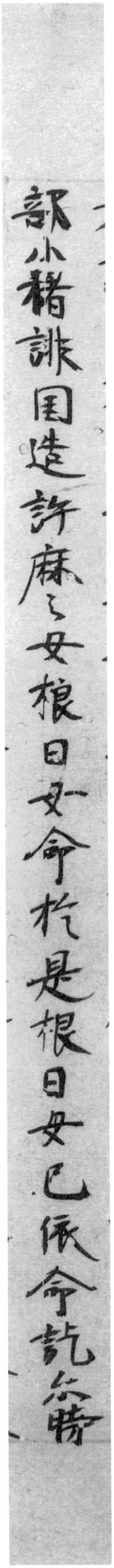

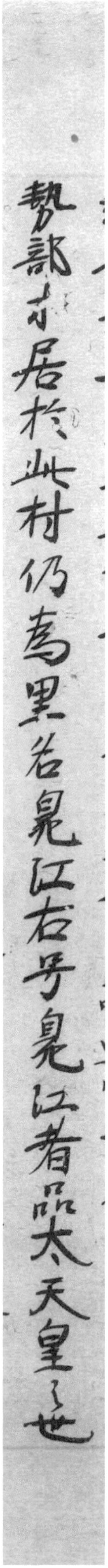

一五一頁　一〇行目（481行）　一六字目「梟」擦れ

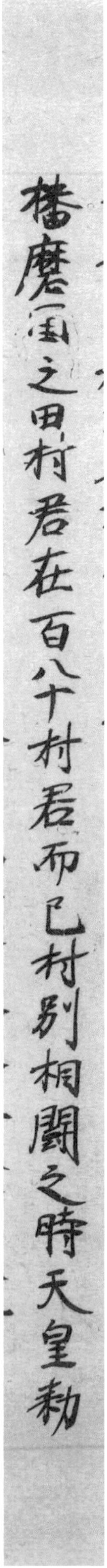

一五一頁　一一行目（482行）　一二字目「村」等　擦れ

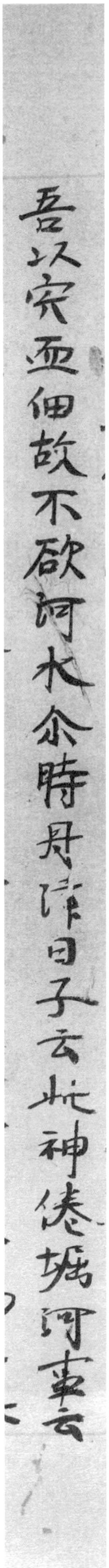

一五三頁　五行目（498行）　六字目「故」等　擦れ

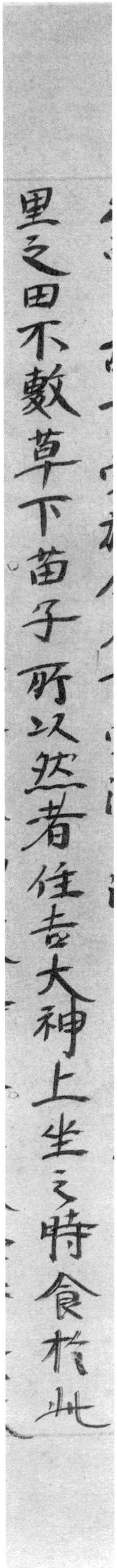

一五三頁　七行目（500行）　九字目「子」擦れ

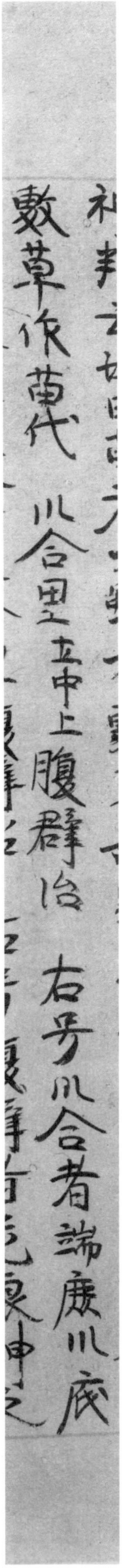

一五三頁　一〇行目（503行）　二〜三字目「草作」欠落の拡大

ることはできないであろう。かといって秋本説のように副本とは別に稿本段階のものが国庁に二〇〇年間も保存されていたと考えることも難しいのではないか。仮に稿本が延長時まで国庁に保管されていたとするならば、そもそも副本、そして正本は存在しなかった、すなわち『播磨国風土記』は編纂途上で中断したと考えるべきであろう。しかしそれでも未完の稿本が二〇〇年もの間、（一部散逸したとするにせよ）国庁に残存していたとは考え難いようにも思われる。だとすれば、もう一つ別の想定として、国庁ではなく編纂者が手許に残していた草稿本であった可能性が考えられるのではないか。想像の域を出るものではないが、編纂者の草稿本が中央の同好の士によって転写され、伝えられていった可能性を考えてみたい。

次に三条西本で使用されている字体について述べる。三条西本については山田孝雄氏が「書写の上の誤脱少からず」と述べて（山田一九二六）以来、誤写が多く書写態度も厳密でないとする見解が有力であったが、小野田一九五九では「文字は多く古体を存してゐる」として省画や国字・異体字の多いことが指摘され、さらに近年、大館真晴氏が木簡や正倉院文書と比較して三条西本には編纂当時の古い字体が残されている可能性があることを指摘した（大館二〇〇九）。すなわちこれまで一般に考えられてきたより原本の体裁をよく伝えている可能性が出てきたのである（なお、森二〇〇七、橋本二〇〇九も参照）。

（九）重ね書き等

本影印によって鮮明なカラー図版が提供されたことにより、文字の判読もかなり容易になったが、重ね書き等紛らわしい点についてのみ指摘しておく。

一一九頁六行目（122行）二字目　「水」字左上は樹皮。
　九行目（125行）八字目　重ね書きして「目」に訂正（元の字不明）。
一二〇頁五行目（132行）六字目　「朝」の字を「韓」に訂正しさらに見せ消ち。
一二二頁四行目（152行）二二字目　重ね書きして「語」に訂正（元の字不明）。
一二三頁五行目（164行）一〇字目　「栗」擦り消しの上に書す（元の字不明）。
一三一頁六行目（254行）一四字目　「泊」重ね書きか（元の字不明）。
一三二頁八行目（267行）一九字目　「或」を「戒」に重ね書き訂正。
一三五頁九行目（300行）一七字目　「故」字の「攵」に「反」を重ね書きか。
一四四頁二行目（394行）五字目　「屋」の書きかけに「尼」を重ね書き。
　八行目（400行）一四字目　「槍」に「檜」を重ね書き。
一四五頁四行目（408行）・二一字目　「次」の偏を重ね書き（元は言偏か）。

（一〇）翻刻

これまでに刊行された『播磨国風土記』翻刻を紹介する。

『神教叢語』一〇二・一〇三合併号（弘道社、一八八〇年）
敷田年治『標注播磨風土記』（玄同舎、一八八七年）
栗田寛『標注古風土記』（大日本図書、一八九九年）
近藤瓶城編『改訂史籍集覧』第二七冊（近藤活版所、一九〇二年）
塚本哲三校訂『古事記・祝詞・風土記』（有朋堂文庫、有朋堂書店、一九一五年）
藤本政治校注『播磨風土記』（播磨国風土記刊行会、一九二一年）
井上通泰校訂「播磨国風土記」（正宗敦夫編纂校訂『古風土記集』下［のち中巻］、日本古典全集、日本古典全集刊行会、一九二六年）
植松安担当「播磨国風土記」（国民図書編・発行『校註日本文学大系』一、一九二七年）
物集高見編『新註皇学叢書』一（広文庫刊行会、一九二九年）
井上通泰『播磨風土記新考』（大岡山書店、一九三一年）
竹内理三編『寧楽遺文』下（東京堂、一九四四年、訂正版一九六二年）
秋本吉郎校注『風土記』（日本古典文学大系二、岩波書店、一九五八年）
久松潜一校注、小野田光雄再訂『風土記』上（日本古典全書、朝日新聞社、一九五九年）
田中卓校注『風土記』（神道大系古典編七、神道大系編纂会、一九九四年）
植垣節也校注『風土記』（新編日本古典文学全集五、小学館、一九九七年）
沖森卓也・佐藤信・矢嶋泉『播磨国風土記』（山川出版社、二〇〇五年）
橋本雅之『播磨国風土記』（中村啓信監修『風土記』上、角川ソフィア文庫、二〇一五年）

三条西本を底本として翻刻したのは『校註日本文学大系』が最初であり、以後、日本古典全書本を底本とした神道大系を除く諸書は、三条西本を底本としている。

（一一）結語

三条西本は現存する数少ない古代の風土記の一つ『播磨国風土記』の現存最古写本にして諸伝本の祖本であり、八世紀の在地社会を具体的に検討することができる貴重な文献である。近年は、現地調査や考古学的検討も交えた立体的研究が活発に進められており、さらに字体・文体面からの研究にも活用できることが指摘されている。本影印の刊行によって、原本情報に迫ることが容易となり、今後、さらに研究の進展することが期待される。

【注】

（1）参考として、冒頭から数えた行を洋数字を用いて示すこととする。

（2）栗原一九七一は奥書を別筆と見る。

（3）なお、この前後では里は必ずしも行頭には記されていないので、「六継里」を記すために改行したと考える必要はないであろう。

（4）今、仮に「天之」は「天皇之」の「皇」を脱字したものと解したが、「之」が「皇」の誤写である可能性も存する。

（5）秋本吉郎氏は「志貴（磯城）は広い地域名であるから、これを冠しない嶋宮という呼称もあり得ること」として、「志貴」は「嶋宮」の左傍書であったと解釈する（秋本一九六三　二五一頁）が、その説は採らない。

（6）植垣一九八六bは、飾磨郡伊和里条（一一五頁三行目　75行）の分注に記された丘の記述順序がその後の本文の登場順と同じであったはずであるとの推測から、現状の表記順になるまでに少なくとも四度の転写を経ていると推測する。

（7）時雨亭文庫本『万葉集註釈』において字下げで記されている部分は玄覚注であるとする竹下一九九四による。以下同。玄覚は弘安三年（一二八〇）以前に『播磨国風土記』を所持していた（兼岡二〇〇八ａ）。

（8）廣岡義隆氏は三条西本の校訂に活かせる可能性があるとする（廣岡二〇〇六・二〇〇九）。

（9）この点について、『播磨国風土記』編纂当時には印南郡は成立しておらず、賀古郡に含まれていたのだとする見解もある（植垣一九八六等）が、その場合は三条西本の「郡」の字（一一二頁二行目　42行）を「浦」の誤写とする操作が必要となる。

（10）二条家の典籍が冷泉家に伝来した経緯については、藤本一九九一・一九九五参照。

（11）『三条西蔵書再興始末記』によれば、「日本後紀一括之内」には他に「続日本後紀幷記録」も含まれていたらしい。

（12）兼岡二〇〇六によれば、尊経閣文庫所蔵『桑華書志』第六九冊の宝永六年（一七〇九）頃の記事に、尊経閣が所蔵していた風土記の一つとして「播摩々々々々（国風土記　端本）」が見えており、三条西本の転写本と考えられるという。

（13）飯田一九五八では、前田家書籍旧記取調主任であった森田平次（柿園）が明治年間に編纂した『松雲公採集遺編類纂』の第四十三地理部一（金沢市立玉川図書館近世史料館加越能文庫所蔵）に収められた「播磨国風土記」がその再転写本である可能性を指摘するが、同写本にはたとえば「印南郡　但首脱」などと記された箇所があるなど、少なくともその親本は三条西本の体裁を忠実に転写したものではない。森田平次については、藤島・鈴木一九八八等参照。

（14）三条西家蔵書修覆全体の経緯については、近藤一九〇九参照。

（15）一三〇頁五行目と六行目の間、また一三二頁六行目、一五一頁九行目と一〇行目の間を線対称とする虫損が確認される。

（16）参考までに、『日本後紀』の寸法は二八・〇×二一・五㎝とのことである（堀池一九七八等）。

（17）借りるまでに時日を要したことは、多和文庫所蔵巻子本奥書によれば、三条西家でもすぐに見出すことができなかったためであるらしい。

（18）諸写本により若干の異同があるが、今、多和文庫所蔵巻子本によった。「季知卿」の補入は無いものが多いので、後の加筆か。

（19）岩瀬文庫所蔵速水行道写本（函架番号一四六―六七）によれば、伴氏（伴信近か）が摸写本を所蔵していた。多和文庫所蔵巻子本には進藤千尋・豊田天功が転写したことが記されているが、摸写であったかどうかは不明（東京大学総合図書館所蔵南葵文庫本［請求番号J三〇―八五九］には天功の男靖の安政四年［一八五七］六月十一日書写奥書が移写されている。靖書写本は彰考館焼失本であろう）。また国立公文書館に文久二年（一八六二）十一月二十八日栗田寛摸写本が蔵されているが、直接、谷森本を摸写したものかどうかは不明であり、多和文庫巻子本奥書を参考にすれば、豊田天功写本を転写したものかも知れない（前掲南葵文庫本には栗田寛が安政五年七月に豊田靖本を転写したことが記されている）。

(20) 嘉永六年七月二十七日に大橋長憙が転写し（宮内庁書陵部図書寮文庫所蔵函架番号一六五―三八六）、鈴鹿連胤が嘉永六年十一月二十日に転写している。この鈴鹿本から転写された写本は多和文庫所蔵冊子本や大和文華館所蔵鈴鹿文庫本など数多い。

(21) 宮内公文書館所蔵明治十九年『図書録』（識別番号乙二七〇）参照。無窮会神習文庫本中に『大安寺資財帳』と合綴されている無奥書の摸写本が存在する（請求番号五六三一）が、これはこの明治十九年摸写本の転写である可能性が考えられる。以上の他に、東洋文庫所蔵一本（請求番号三―H―c―い―5のうち）によれば「平田氏」も「影古鈔本」を蔵していたが、これは「原本ハ加茂ノ神庫ヨリ出タル由ナレト巻首ノ欠タルサマナト谷森氏ノ本ト同シケレハ同種ノ物ナルヘシ」「紙数四十四頁九行ツ、ニモノセリ」という（前掲南葵文庫本小中村清矩奥書。小中村一八九五も参照）。

(22)『国学院雑誌』二九―五（一九二三年）掲載の広告による。新村一九七二、二二一頁も参照。関東大震災はこの年九月に起きている。猪熊一九五八によれば、古典保存会が企画されたのは大正四年（一九一五）であったという。

(23) 同書に付された解説は山田孝雄『典籍説稿』（西東書房　一九五四年）に再収されているが、そこでは「六月」と記されている。なお、猪熊信男一九五八、一〇二頁には「最も興味があったのは、三条西伯爵家で、藤原末期の播磨風土記を発見して、山田、橋本両博士と共に、終日嬉々として伯爵家で話合した事であった。」と記されている。

(24) 中村一九五七によれば、天理図書館が「本郷の一骨董商」より『日本後紀』を購入した際、その直前に『播磨国風土記』三条西本は第三者に転売されているが、松尾一九八四によれば、『播磨国風土記』三条西本は『栄花物語』とともに三条西家よりH社に譲られたものであり、その後間もなくM書店に買い取られたという。『日本後紀』は天理図書館一九七五によれば、昭和二十二年三月に同館に収蔵されている。「本郷の一骨董商」「H社」が柏林社書店古屋孝太郎氏であり、「M書店」が村口書房村口四郎氏であって、柏林社書店より村口書房に直接移動したことは、反町茂雄編『紙魚の昔がたり』昭和篇所収「諸名家の宝庫を渉猟する　村口書房　村口四郎」における村口四郎氏の発言によって確認できる。なお、弘文荘より購入したと記されることもあるが、それは勘違いと考えられる。

(25) 早く購入しながら天理図書館への収蔵が遅れたわけではないことは、中村一九五七が「十年にして再び市場へ現われた」と記していることや村口四郎氏が中山正善氏とのつきあいは「昭和二十七年」が初めてと述べていること（日本古書通信一九六八）から推定できる。

(26) 昭和二十七年三月『重要文化財目録（美術工芸品）』（文化財保護委員会　同年）には同年三月末日段階の所蔵者が記されているが、文化財保護委員会では所在を把握していなかったようで、所蔵者が三条西実義と記されている。

(27) なお近年、国庁での編集について、文章を整える程度と捉える見解が提出されている（廣岡二〇一四）。

【参考文献】

秋本吉郎『風土記』（日本古典文学大系二、岩波書店、一九五八年）

同「播磨国風土記」（天理図書館編『開館卅周年記念　善本聚英』、善本写真集一五、天理図書館、一九六〇年、初出一九五九年）

同『風土記の研究』（大阪経済大学研究叢書、ミネルヴァ書房発売、一九六三年）

本書の中には収録以前に個別に発表された部分もあるが、本書で代表させることとした。

飯田瑞穂「播磨国風土記発見の時と人について」（『日本古代史叢説』、飯田瑞穂著作集五、吉川弘文館、二〇〇一年、初出一九五八年）

同「秋本吉郎氏『風土記の近世伝播祖本』論文評」（『古代史籍の研究』上、飯田瑞穂著作集二、吉川弘文館、二〇〇〇年、初出一九五九年）

石崎正雄「解説」（天理図書館善本叢書和書之部編集委員会編『古代史籍集』、天理図書館善本叢書和書之部一、天理大学出版部、一九七二年）

井上通泰「（播磨国風土記）解説」（与謝野寛・正宗敦夫編『古風土記集』下、日本古典全集、日本古典全集刊行会、一九二六年）

同『播磨風土記新考』（大岡山書店、一九三一年）

猪熊信男「山田孝雄博士を憶う」（『十一人の思出で』、私家版、一九六三年、初出一九五八年）
植垣節也「播磨国風土記の本文校訂考」（『親和女子大学研究論集』三、一九六九年）
同「概説の部」（『風土記の研究並びに漢字索引』、風間書房、一九七二年）
同「播磨国風土記注釈稿」二（『風土記研究』二、一九八六年ａ）
同「播磨国風土記注釈稿」三（『風土記研究』三、一九八六年ｂ）
同「播磨国風土記」（『国史大辞典』一一、吉川弘文館、一九九〇年）
大阪府立図書館『〈皇紀二千六百年記念〉国史善本展覧会目録』（同館、一九四〇年ａ）
同編『国史善本集影』（小林写真製版所出版部、一九四〇年ｂ）
大舘真晴「三条西家本播磨国風土記の字体をいかに理解するか」（神田典城編『風土記の表現』、笠間書院、二〇〇九年）
小野田光雄「播磨風土記の成立に関する一考察」（『国学院雑誌』五五―三、一九五四年）
同「補考」（久松潜一校注・小野田光雄再訂『風土記』上、日本古典全書、朝日新聞社、一九五九年）
兼岡理恵「前田綱紀と風土記」（『風土記受容史研究』、笠間書院、二〇〇八年、初出二〇〇六年）
同「玄覚と風土記」（『風土記受容史研究』、笠間書院、二〇〇八年ａ）
同「定為と風土記」（『風土記受容史研究』、笠間書院、二〇〇八年ｂ）
鎌田元一「郷里制の施行と霊亀元年式」（『律令公民制の研究』、塙書房、二〇〇一年、初出一九九一年）
同「郷里制の施行　補論」（『律令公民制の研究』、塙書房、二〇〇一年、初出一九九二年）
倉野憲司「風土記概説」（『上中古文学論攷』、叢文閣、一九三四年）
栗田寛『標注古風土記』（大日本図書、一八九九年）
栗原治夫「播磨国風土記」（『日本名宝事典』、原色日本の美術別巻、小学館、一九七一年）
小島憲之「諸国風土記の述作」（『上代日本文学と中国文学』上、塙書房、一九六二年）
小中村清矩『国史学のしをり』（吉川半七、一八九五年）
是澤恭三「柳原紀光の諸家記録探求に就て」（『国史学』四五、一九四二年）
近藤磐雄『加賀松雲公』中（羽野知顕、一九〇九年）
財津永次「68播磨国風土記」（山本信吉編『国宝大事典』三　書跡・典籍、講談社、一九八六年）
敷田年治『標注播磨風土記』（玄同舎、一八八七年）
新村出「古典の新意義」（『新村出全集』九、筑摩書房、一九七二年、一九四九～五〇年頃講演）
反町茂雄・村口四郎「諸名家の宝庫を渉猟する　村口書房」（反町茂雄編『紙魚の昔がたり』昭和篇、八木書店、一九八七年、初出一九八二年）
反町茂雄『一古書肆の思い出』三（平凡社ライブラリー、一九九八年、初刊一九八八年）
竹下豊「解題」（㈶冷泉家時雨亭文庫編『金沢文庫本万葉集　巻第十八・中世万葉学』、冷泉家時雨亭叢書三九、朝日新聞社、一九九四年）
築島裕「古代の文学遺品」（文化庁監修『文化財講座　日本の美術』一四　典籍Ⅰ、第一法規出版、一九七九年）
天理図書館編『天理図書館稀書目録』和漢書之部Ⅲ（天理大学出版部、一九六〇年）
同『秘籍図録』（同館、一九七二年）
同『天理図書館四十年史』（天理大学出版部、一九七五年）
同『天理ギャラリー第103回展　日本の史籍』（天理ギャラリー、一九九六年）
同『善本図録』（天理大学出版部、一九九七年）
同『天理図書館稀観書図録』（天理大学出版部、二〇〇六年）
中村幸彦「古書随想」（『中村幸彦著述集』一五、中央公論社、一九八九年、初出一九五七年）
中村順昭「播磨国風土記」（東京国立博物館編『日本国宝展』、読売新聞社、一九九〇年）
日本古書通信「座談会　中山正善氏を偲ぶ（三）」（『日本古書通信』二八九、一九六八年）
橋本雅之「三条西家本『播磨国風土記』校訂私見」（青木周平先生追悼論文集刊行会編『古代文芸論叢』、おうふう、二〇〇九年）

同「播磨国風土記」（『風土記研究の最前線』、新人物往来社、二〇一三年）
廣岡義隆「風土記の「残存本文」について」（『三重大学日本語学文学』一七、二〇〇六年）
同「風土記本文の復元について」（神田典城編『風土記の表現』、笠間書院、二〇〇九年）
同「播磨国風土記の国府編集」（『三重大学日本語学文学』二五、二〇一四年）
藤島秀隆・鈴木雅子「加賀藩の郷土史家森田柿園とその系譜」（『金沢工業大学紀要』B一一、一九八八年）
藤本孝一「『出雲国風土記』浄阿書写説に関する疑問」（『中世史料学叢論』、思文閣出版、二〇〇九年、初出一九九一年）
同「解題　豊後国風土記」（㈶冷泉家時雨亭文庫編『豊後国風土記・公卿補任』、冷泉家時雨亭叢書四七、朝日新聞社、一九九五年）
文化財保護委員会編『国宝事典』増補改訂版（便利堂、一九六八年）
文部省文化庁監修『原色版国宝』六（毎日新聞社、一九六八年）
堀池春峰「解題」（天理図書館善本叢書和書之部編集委員会編『日本後紀』、天理図書館善本叢書和書之部二八、天理大学出版部、一九七八年）
前田安信「播磨国赤穂郡成立考」（『風土記研究』一三、一九九一年）
松尾聰「学習院大学蔵三条西家本譲受次第など」（日本古典文学会編『訪書の旅　集書の旅』、貴重本刊行会、一九八八年、初出一九八四年）
森陽香「『播磨国風土記』の校訂を考える」（『古事記年報』五〇、二〇〇七年）
山田孝雄「播磨国風土記」（『典籍説稿』、西東書房、一九五四年、初出一九二六年）

〔附記〕本解題の執筆にあたり、大阪市立大学学術総合情報センター・金沢市立玉川図書館近世史料館・宮内庁書陵部図書寮文庫・国文学研究資料館・国立公文書館・東京大学史料編纂所・東京大学総合図書館・東洋文庫・前田育徳会尊経閣文庫・無窮会専門図書館の諸機関に閲覧あるいは複写資料提供のお世話になり、さらに国立国会図書館・早稲田大学図書館がネットにて公開している画像を活用させていただいた。記して謝意を表したい。

新天理図書館善本叢書 第1巻　古事記 道果本 播磨国風土記

2016年2月24日　初版発行　　定価（本体26,000円＋税）

編集　天理大学附属 天理図書館
代表 諸井慶一郎
〒632-8577 奈良県天理市杣之内町1050

刊行　（学）天理大学出版部
代表 東井光則

製作　株式会社 八木書店古書出版部
代表 八木乾二
〒101-0052 東京都千代田区神田小川町3-8
電話 03-3291-2969（編集）-6300（FAX）

発売　株式会社 八木書店
〒101-0052 東京都千代田区神田小川町3-8
電話 03-3291-2961（営業）-6300（FAX）
http://www.books-yagi.co.jp/pub/
E-mail pub@books-yagi.co.jp

製版・印刷 天理時報社
製　　本 博勝堂

ISBN978-4-8406-9551-0　第1期第6回配本　